O Ferro de Passar Passado a Limpo

Fernando Cerqueira Lemos

O Ferro de Passar Passado a Limpo

ANOTAÇÕES EM TORNO DE UMA COLEÇÃO

MUSEU PAULISTA
UNIVERSIDADE DE SÃO PAULO
edusp
IMPRENSA OFICIAL
SERVIÇO PÚBLICO DE QUALIDADE

Dados Internacionais de Catalogação na Publicação (CIP)
(Câmara Brasileira do Livro, SP, Brasil)

Lemos, Fernando Cerqueira.
O Ferro de Passar, passado a limpo: anotações em torno de uma coleção. São Paulo: Editora da Universidade de São Paulo, Museu Paulista da USP; Imprensa Oficial do Estado, 2003. (Acervo, 4).

ISBN 85-314-0747-8 (Edusp)
ISBN 85-7060-167-0 (Imprensa Oficial do Estado)

1. Ferros de passar – Coleções 2. Ferros de passar – História I. Título

02-6337 CDD-648.1

Índices para catálogo sistemático:
1. Ferros de passar: Economia doméstica: Tecnologia: História 648.1

Edusp – Editora da Universidade de São Paulo
Av. Prof. Luciano Gualberto, Travessa J, 374, 6º andar
Edifício da Antiga Reitoria, Cidade Universitária, Butantã
05508-900, São Paulo, SP, Brasil
Fones: (0XX11) 3091-4008, 3091-4150 – Fax: (0XX11) 3091-4151
www.usp.br/edusp – e-mail: edusp@edu.usp.br

Museu Paulista da Universidade de São Paulo
Parque da Independência, s/nº., Ipiranga
04299-970, São Paulo, SP, Brasil
Fones: (0XX11) 275.5165
Fone-Fax: (0XX11) 273.9165
E-mail: mp@edu.usp.br

Imprensa Oficial do Estado
Rua da Mooca, 1.921 – Mooca
03103-902 – São Paulo – SP
Tel.: (11) 6099-9800
Fax: (11) 6692-3503
www.imprensaoficial.com.br
divulgacaoeditoriais@imprensaoficial.com.br
SAC 0800-123 401

Printed in Brazil 2003

Foi feito o depósito legal

Familiarizados com os objetos vistos todos os dias, não os admiramos mais e nem sonhamos pesquisar-lhes as origens.

CÍCERO, *De Nat. Deorum*, II

É mais belo um ferro elétrico que uma escultura.

GIACOMO BALLA

Sumário

Apresentação

Ferros de Passar: Objetos de Trabalho/Artefatos de Cultura Material

Este quarto volume da coleção Acervo apresenta a Coleção Fernando Cerqueira Lemos do Museu Paulista da Universidade de São Paulo. Os dois volumes iniciais, editados em 1999, divulgaram obras raras e documentos históricos do acervo desse órgão de integração, que está completando 110 anos de criação.

O museu divulga objetos do cotidiano, os quais, com o transcorrer dos anos, se tornaram obsoletos para a utilização prevista, quer por mudanças de tecnologia, quer pelas transformações dos materiais, para não falar da alteração de papéis sociais. Expostos em espaço especialmente preparado no subsolo, esses objetos adquirem outros significados: artefatos humanos, que permitem a recuperação de uso de matérias-primas, de técnicas de trabalho, de funções profissionais, dos condicionamentos por gênero, da propaganda e do imaginário social – elementos preciosos para as pesquisas em História da Cultura Material.

Uma das características atuais de museus de história é a possibilidade de recuperar, via artefatos antes desprezados, atividades fundamentais e básicas da sociedade, atos do cotidiano, condições de vida e sobrevivência, formas de sociabilidade e de valorização social, transformando, assim, a concepção acerca desses materiais considerados menos nobres e significativos, que outrora sequer entrariam em recintos museais, destinados apenas a recolher testemunhos da elite. Os museus de história aproveitam, assim, uma das tendências da historiografia contemporânea, que é buscar o que estava marginalizado, excluído, esquecido, oculto sob o manto da grande história, dos grandes temas, dos eventos marcantes e das personalidades famosas, permitindo que os pesquisadores especializados realizem novas leituras da sociedade, e que os visitantes descubram novas percepções dos significados dos objetos em nossa sociedade.

A coleção é composta por documentos, fotos, reproduções, recortes de jornais, revistas, catálogos, publicações diversas e 106 peças, sendo 95 ferros de passar, 10 descansos e estufa própria para aquecimento de ferros, doados por Fernando Cerqueira Lemos em 1996 e 2001. Com a publicação desta obra, a doação fica totalmente concretizada. E, mais uma vez, agradecemos a Cerqueira Lemos a generosidade de compartilhar com o grande público assunto e materiais que foram e são relevantes para sua vida, como também para a compreensão dos fenômenos sociais.

Finalmente, sem a colaboração inestimável da Profa. Dra. Maria José Elias, a coleção não estaria no Museu Paulista e, sem a atuação vigorosa do Prof. Dr. José Sebastião Witter, a exposição dos "Ferros de Passar", a coleção Acervo e a edição desta obra não teriam sido possíveis.

Raquel Glezer
Diretora do Museu Paulista – USP

Prefácio

Há mais de trinta anos, em Pouso Alegre, cidade do Sul de Minas Gerais, existia um ferro-velho de impecável organização, repleto de sucata doméstica, propriedade de um argentino desgarrado. Guardava mil objetos, vendidos a peso, para as delícias de colecionadores de qualquer coisa: chaves, fechaduras, lanternas, correntes, máquinas de costura, ferros de passar[1], sinos, almofarizes, estribos, balanças... toda uma sobra do passado, resíduo de uma sociedade que modernizou suas alfaias, descartando o *velho* e o *imprestável* feitos de ferro, estanho, cobre, latão e bronze, para suprir-se do alumínio e do plástico modernos. Lá estava, entre tantos ferros velhos, um velho ferro de passar, a cunha de pedra. Chamava a atenção seu cabo branco polido, de porcelana vidrada.

Esse ferro alemão, um *L. Schroder*, o primeiro da coleção que deu origem ao presente trabalho, hoje faz companhia a dezenas de outros *ferros* e *descansos* encontrados em Bragança Paulista, Campinas, Itu, Ibiúna, São Paulo, Sorocaba, Tatuí, Taubaté, Muzambinho, Ouro Preto, Poços de Caldas, São João del Rei, Curitiba, Rio de Janeiro e Salvador. Além de peças trazidas da Argentina, Espanha, Estados Unidos, França, Portugal e Uruguai.

Paralelamente à evolução da coleção de ferros de passar, cresceu a nossa curiosidade em torno do papel na cena brasileira desses humildes objetos domésticos. Objetos ignorados pelos pesquisadores da história e pela própria história que deles praticamente não faz registro.

Ferros que acabaram inclusive sofrendo desvios em seus fins. Saindo das áreas de serviço e entrando reciclados nas salas como objetos de decoração, não apenas eles mesmos, mas também sua imagem usada em miniaturas de metal, louça, porcelana, vidro etc., ou ainda como objetos decorativos. Ou em jogos para chá (ou café) com seus competentes bules, leiteiras, açucareiros e... *ferros* para guardar biscoitos, bolachas, docinhos, toda uma quitanda para o lanche ou para o café da manhã.

A indústria de brinquedos não esqueceu o ferro, e existem exemplares dos mais variados modelos, para as brincadeiras de "casinha". As fábricas de ferro de qualquer categoria, inclusive os elétricos, produziram (algumas ainda produzem) ferros para criança que funcionam normalmente como os ferros de *verdade*.

A arte folclórica, especialmente a cerâmica nordestina, também se valeu do ferro de passar para a produção de peças ao estilo de Vitalino, o mestre de Caruaru, Pernambuco. Um artesanato de barro particular e característico, hoje fartamente repetido pela própria família do figureiro já falecido e por outros modeladores de barro do agreste pernambucano. Na feira de Caruaru encontram-se o próprio ferro de passar feito de barro, como peça autônoma, pintado de cores vivas, bem como a figura da passadeira empunhando o ferro em plena tarefa de passar, também de barro.

A indústria farmacêutica não ignorou a imagem do ferro, reproduzindo-o como peça promocional de medicamentos à base de ferro medicinal. Podemos citar o exemplo dos brindes de *Rarical*, suplemento vitamínico com ferro medicinal, da Johnsons & Johnsons, distribuídos aos médicos, acompanhando amostras grátis.

Conhecemos até uma lanchonete chamada "Ferro de Passar", bem no centro da histórica São Luís do Maranhão, quando lá estivemos em 1978.

Este trabalho teve o incentivo e a colaboração de José Luiz Pereira de Almeida, Achille Bayart, Jacques Bouteau, José Roberto Teixeira Leite e Felippe Namur, aos quais externamos aqui o nosso agradecimento.

Agradecemos também a Aracy Abreu Amaral, Iracema Arditi, Hedwig Beuster, Anneliese e Renato T. de Magalhães Gouvêa, Maria Helena Gregori, Luiz Ernesto Machado Kawall, Celina Kouznetz, Carlos A. C. Lemos, Paulo Cerqueira Luz, Ernesto Lacaz Machado, Raffaele Minelli, Raimunda Magalhães do Nascimento, Hubert Pastor, Maria Lúcia Porto, Sérgio Guy Ramos e Arlete Teixeira, pela gentileza de ter-nos presenteado com alguns dos melhores ferros da coleção.

1. O *Dicionário* de Morais (Antônio de Morais Silva), dos séculos XVIII-XIX, registra a expressão *ferro de assentar* e não registra *ferro de passar.* No verbete *assentar*, informa: "Assentar costuras; entre alfaiates, passar o ferro quente sobre elas". No verbete *passar*, Morais dá: "Passar as costuras; t. de alfaiat. assentá-las, passando um ferro quente em cima". Portanto, sinônimos. Convém deixar claro que *costura* não é só o ato ou ação de costurar, é também a própria peça de roupa costurada.
Quanto a *passar*, Bluteau não registra o verbo com o sentido de *assentar*, verbete este que o mesmo dicionarista consigna com um exemplo: "Assentar com hum ferro as costuras (como fazem os alfayates)".
Caldas Aulete também não dá *passar* como *assentar.* Apenas informa que "passar é submeter ou expor, temporariamente a um meio ou ação" e exemplifica: "passar as costuras a ferro e passar a roupa pela água". Deu estes dois exemplos como poderia ter dado outros totalmente desvinculados de *roupa.* Aulete, no verbete *assentar*, registra: "Assentar as costuras, batê-las a ferro para que fiquem lisas".
Atualmente, no *Dicionário Aurélio*, a situação se inverte: "Passar. Alisar (roupa) com ferro de passar; passar a ferro". E Aurélio não registra *assentar* com o sentido de *passar*.
Passar (do latim *passare*) sobrepujou *assentar* (e também *alisar*), termo que, é verdade, ainda se ouve com aquele sentido, mas muito raramente, da boca dos mais velhos. Quanto a *alisar*, esta palavra não consta como *passar* de nenhum dos dicionários, apesar de Aulete e Aurélio se servirem dela para definir *assentar* e *passar*. Em nossos dias, no jargão doméstico, *passar*, dispensando complementos, quer dizer claramente *alisar* ou *assentar* roupa ou costura.
É interessante deixar registrado que contemporaneamente *assentar costura* não tem mais o sentido de *passar roupa* e, sim, refere-se a uma etapa da tarefa de coser, isto é, passar o ferro quente sobre as duas orlas de tecidos que foram costuradas, visando a abatê-las uma para cada lado.

BYINGTON & CO.
S. PAULO
PRESENTES PARA NATAL
BYINGTON
E. H. KRISCHKE
MAPPIN STORES

Byington & Co.
S. PAULO

Ferros de engommar Electricos
"PRINCESS"
Ferros Electricos
Fortes, Duraveis e Efficientes
E. H. KRISCHKE
Rua da Boa Vista, 30 - S. PAULO
GELADEIRAS AMERICANAS
FERROS E FOGAREIROS ELECTRICOS
As melhores marcas
A ILLUMINADORA Alberto dos Santos & C.
BYINGTON & CO.
ENGENHEIROS, ELECTRICISTAS, IMPORTADORES
LARGO DA MISERICORDIA N. 4
S. PAULO
PRESENTES PARA NATAL
PARA PREÇOS E MAIS INFORMAÇÕES
DIRIJAM-SE A CASA BYINGTON
ESTUFA

REVISTA FEMININA

I

A Evolução

A história do ferro de passar (*fer à repasser*, em francês; *plancha*, em espanhol; *ferro da stiro*, em italiano, e *flat iron*, em inglês) já foi bastante pesquisada, especialmente por Achille Bayart, criador e *animateur* do Club des Amis des Fers à Repasser Anciens, de Roubaix, na França. Além do Club com riquíssimo arquivo de documentos e grande biblioteca especializada, Bayart mantém um museu privado com enorme coleção de ferros, ambos abertos aos interessados para fins de pesquisa ou simples visitação.

Outros historiadores e pesquisadores europeus e norte-americanos, igualmente interessados nos equipamentos destinados à passagem de roupa, têm publicado inúmeras obras que passam a limpo os ferros de passar. Inclusive seus antecessores, os *brunidores* (em francês: *lissoirs*), de que se valiam os antigos[1] para passar a frio as roupas engomadas, e as *cassolettes* ou *casseroles*, como as chamam os franceses, pela semelhança formal com as caçarolas, antigos objetos utilizados a quente (com brasas) pelos chineses, certamente já antes de Cristo.

O pesquisador inglês Oliver St. John esgotou os assuntos *plissage* e *tuyautage*, técnicas indispensáveis para a obtenção dos mantéus, com o uso dos chamados *ferros italianos*, semelhantes a um atiçador ou a uma tesoura ou pinça. Incluem-se no elenco dos ferros de "tiotar" (*tuyauter*) aqueles com base em ziguezague (forma de *tuyaux*), que se justapõe à parte superior com o mesmo desenho, à semelhança de dentes de engrenagem, parte que pode ser

plana, recurvada (permitindo movimentos de gangorra), ou na forma de rodízio dentado, preso a um cabo que o leva girando para a frente e para trás.

A Sears, Roebuck norte-americana, como tantas outras grandes lojas em todo o mundo, nos primeiros anos do século XX, ainda comercializava esses ferros, de marca *Crown*, marca também de máquinas de tiotar (*Crown fluting machine*) composta basicamente de dois rolos dentados[2] acionados por alavanca, que permitem tiotar ininterruptamente tecidos e rendas de qualquer comprimento.

É impossível afirmarmos com precisão quando apareceram no Ocidente os primeiros ferros de passar metálicos, ferros esses que podemos agrupar em duas categorias:

1. Os maciços de alimentação externa (esquentamento indireto), talvez do século XVI.

2. Os ocos de alimentação interna (esquentamento direto), certamente posteriores, divididos em três sub-categorias: a carvão, a cunha e a combustível. Dentro deste grupo de alimentação interna, porém não ocos, podem ser agrupados os ferros elétricos.

DANS LE COUP DE FEU

— Mademoiselle Printemps, je viens de la part de mes sœurs les Marguerites pour vous dire que nous comptons absolument sur nos collerettes blanches pour le 21 Mars.

Dessin de GERBAULT.

Alimentação Externa

Depois que o homem substituiu a pele de animais pelos tecidos, provavelmente na era neolítica, decerto começou a amaciar a rudez de sua nova proteção contra os rigores da natureza. É de se imaginar quão desagradáveis ao contato devem ter sido os primitivos tecidos, mas que, depois de alisados, tornavam-se mais confortáveis, melhorando seu contato com a pele do homem. Como então se passavam esses tecidos primitivos? Com o auxílio de ossos (a exemplo de alguns encontrados na Alemanha, que remontam a vinte mil anos antes de Cristo) e ainda de pedras roladas esquentadas ou não ao sol, porque um dia o homem descobriu que o peso e, depois, o calor, eram capazes de alisar as fibras.

A evolução é mais ou menos lógica: dos ossos e pedras roladas colhidas nos leitos dos rios, mais tarde esculpidas pelo homem, ganhando formato cada vez mais eficiente, chegou-se ao metal (ferro), com a vantagem de que este, por sua grande resistência e seu maior peso, podia ser levado diretamente ao fogo e guardar calor por tempo relativamente longo. Atribuem-se aos normandos os primeiros *ferros* ou *brunidores* de ferro.

Os primeiros ferros metálicos maciços de alimentação externa, fundidos ou forjados, foram concebidos à semelhança dos brunidores, substituindo o vidro, a madeira, a pedra etc. Estes ferros de polir ou preguear são, ou de *base curva* (lisa ou desenhada), ou *arredondada* (ferros que os espanhóis chamam de *huevo* ou *nuez*), que permitem fricção intensa para dar brilho ao tecido engomado ou fazer os vincos necessários às pregas. Portanto, os ferros de base *plana* para alisar as fibras ou simplesmente *passar* por meio do peso e do calor são posteriores aos ferros arredondados de polir.

Existiram também os ferros que atendiam aos dois fins: passar e polir. Ligeira modificação na aresta traseira junto à base do ferro de passar (parte que se tornou arredondada) permitiu que ele fosse pressionado sobre o tecido a ser engomado, bastando assumir posição quase vertical. Há, pois, os ferros de passar que serviam para polir e os ferros exclusivamente para polir, que não serviam para passar.

É certo que antigas civilizações, como a chinesa e a egípcia, tiveram seus instrumentos de passar roupas.

A descoberta de tecidos plissados em túmulos da XI dinastia, cerca de dois mil anos antes de Cristo, permite-nos imaginar que as *modistas* às margens do Nilo lançavam mão pelo menos de *brunidores* que indianos e persas também conheciam desde épocas bem distantes.

Na França, a moda das roupas plissadas remonta ao século XII, técnica que nos leva a pensar que exigia o auxílio de instrumentos de passar. Resta saber – a dúvida é de Henri-René d'Allemagne (1865-1935), um dos pesquisadores que mais conheceram a *ferronnerie ancienne* – se os antigos franceses se serviam do ferro metálico ou se, como persas e indianos, empregavam um instrumento (*lissoir*) de madeira dura ou outro material que só podia ser utilizado a frio. "Il est bien certain que c'est ce dernier appareil qui a été employé jusqu'à une époque assez rapprochée de nous; en effet, l'usage de la gomme à empeser que l'on faisait au XIVe siècle et au XVe siècle n'était guère compatible avec de fer chaud."

No dicionário de César-Pierre Richelet (1631-1698) encontra-se esta definição de *lissoir*: "Bloco de vidro ou de mármore para alisar o papel, o tecido, a renda". Antoine Furetière (1619-1688) também define *lissoir* em seu dicionário: "Um instrumento que serve para alisar; é feito de vidro, de mármore, de madeira dura torneada e bem polida".

A *Enciclopédia* de Diderot, no verbete *lissoir*, não se refere ao passamento de roupas ou confecção de pregas, mas informa que é de uso dos operários na tarefa de produzir bainhas para facas, revestir caixas de couro etc., atividade que os franceses chamam de *gainier*. Quanto a *pierre à lisser*, a referida enciclopédia esclarece que é instrumento de *cartier*: "É uma pedra negra muito dura e bem polida, que se passa sobre as cartas para alisá-las, tornando-as macias e polidas. Um lingote de vidro faz o mesmo papel."

LINGE MONOPOLE
EN TOILE avec intérieur parcheminé
SUPPRIMANT le blanchissage
MAXIME FAIVRET
165, RUE St-HONORÉ
Place du Théâtre Français
PARIS
ROEDEL

Paralelamente ao uso dos mais antigos ferros, desde o século XVI, outro aparelho de passar roupas a frio era também usado na Europa, em especial na Escandinávia: *a prancha de calandrar*. Este instrumento era composto de duas partes, um *rolo* ou *cilindro* de madeira, à semelhança dos atuais rolos de abrir massa, e uma *prancha* também de madeira, dotada de um cabo. A roupa que se queria passar era enrolada no *cilindro* que então sofria pressão da *prancha* friccionada com contínuos movimentos de vaivém.

Alimentação Interna

Os ferros a carvão surgiram possivelmente no século XVII ou, quem sabe, ainda no século XVI. Quer Henri-René d'Allemagne que o ferro mais antigo que se conhece data do século XVI, que consta do acervo do Museu de Cluny, em Paris. Disse textualmente d'Allemagne: "Au Musée de Cluny, il existe un fer décoré d'ornements appliqués et giselé muni d'une poignée d'ivoire, qui remonte à cette époque [o autor refere-se ao século XVI]". Não se faz referência à categoria do ferro, mas, pela informação de que o cabo é de marfim, somos levados a concluir que se trata de um ferro a carvão. Se o ferro mencionado por d'Allemagne fosse maciço, o cabo também seria de ferro.

Mas Achille Bayart garante que o mais antigo ferro ocidental conhecido, sem considerar a categoria, é de 1633, portanto, do século XVII, pertencente ao acervo do Musée Le Secq des Tournelles em Rouen, na França.

A informação de Bayart é lastreada em pesquisa que fez no Musée de Cluny em busca do ferro citado por d'Allemagne, ferro, aliás, não encontrado. Em carta que recebemos de Bayart, datada de 16 de abril de 1985, o pesquisador francês nos informou: "En ce qui concerne le Musée de Cluny, je suis au regret de ne pouvoir vous donner plus d'informations. Me référant à l'ouvrage d'Allemagne, j'ai visité ce musée il y a une dizaine d'années, mais malhereusement j'ai été très déçu. Je n'ai pu y découvrir aucun fer à repasser, je n'ai pu que m'intéresser à de très jolis échantillons de tissus anciens. Peut-être, cette situation est-elle due à un changement de conservateur ou de classement inadéquat, toujour est-il que je n'ai aucune information à vous faire parvenir".

O Museu de Belas-artes de Boston, nos Estados Unidos, guarda em seu acervo uma pintura sobre seda, do Extremo Oriente, já de nossa era, executada pelo imperador chinês Hui-Tsung (1082-1135), copiada de outra mais antiga, do ano 730, hoje perdida, de autoria de T'ang Chang Hsuan. Essa pintura revela mulheres *passando* a seda, sem apoio de mesa ou tábua, com o auxílio de um *ferro* dotado de um recipiente para as brasas e de um cabo para o manuseio, à semelhança de uma caçarola. O City Museum and Art Gallery de Hong-Kong possui em seu acervo uma dessas *caçarolas*, que pertenceu ao período da dinastia Han (206 a.C. a 220 d.C.). Este é o mais antigo ferro chinês que se conhece.

De outro lado, no Ocidente, não há provas da existência de *ferros* de passar metálicos antes do século XVI. Henri-René d'Allemagne diz que "não se conhece nenhum ferro de passar de época realmente antiga" e que, nos museus cujos acervos têm este tipo de objeto, "não se encontra um sequer que seja anterior ao século XVI".

Sobre os ferros de alimentação interna, os documentos franceses antigos não se referem a eles a não ser a partir do século XVII. No inventário de Pierre Mignard (1660), conta d'Allemagne, "il est question d'un fer à unir le linge, valant 30 solz". Mais tarde, em 1673, o inventário de Molière arrola "2 petits chandeliers en fer et 3 fers à repasser, de tout pesant ensemble 6 livres". E mais: "Les 4 fers à repasser qui fournissait à Mme Pompadour, Lazare Duvaux, en 1753, et que celui-ci mentionne dans ces comptes, coûtaient 7 livres". Esses ferros citados por d'Allemagne são a cunha ("étaient creux et contenaient à l'intérieure une petite masse de metal à une haute température").

D'Allemagne ainda fala dos ferros a carvão: "Dans les fers de grandes dimensions, les formes de métal étaitent remplacées par du charbon de bois. C'est un anglais, Twamlay, qui revendique l'honneur d'avoir, dans le premier quart du XVIIIe siècle, inventé 'le fer a répasser à reservoir et à ressort contenant le feu et se fermant tout seul'".

No Musée Le Secq des Tournelles, em Rouen, na França, há uma profusão de ferros de passar de toda sorte e de todos os tamanhos, desde os enormes *carreaux* dos alfaiates até delicados exemplares, bem leves, empregados nos tecidos finos. A peça mais curiosa desse museu é um enorme ferro a carvão gravado inteiramente com o tema *caça*; vêem-se

nele um carro atrelado a belos cavalos, o cocheiro e seus lacaios. O cabo é de marfim finamente lavrado, com incrustações de cobre e decorado com flores e folhagens policromadas; no ferro vêem-se ainda as armas de sua proprietária e lê-se esta inscrição: "Elisabeth, Amélie, Madeleine, comtesse Palatine du Rhin, duchesse de Bavière, de Juliers, de Clèves, de Monts, née Landgrave de Hesse-Darmstadt. 30 mars 1633". Achille Bayart, que também possui uma invulgar coleção de ferros de passar, afirma que é este o mais antigo ferro oco (a carvão) que se conhece.

Os ferros a cunha são também do século XVII.

É curioso observar que a *Enciclopédia*, organizada e publicada por Diderot no século XVIII, não se refere aos ferros a carvão, fazendo menção e descrevendo apenas os ferros maciços (em francês: *bloc*, para alfaiates, ou *plaque*, para uso doméstico; em inglês: *sad iron*) e os ferros a cunha (em francês: *fers à lingot*).

Os ferros de alimentação interna, servindo-se de combustíveis *modernos*, e também os elétricos, são todos da segunda metade do século XIX.

Hoje, apesar de o ferro elétrico ser a mais recente categoria de ferros de passar, existem ainda em uso outras espécies, é claro que cada vez em menor escala, à medida que a eletrificação se impõe, quer nas zonas urbanas, quer nas zonas rurais. Atualmente o comércio especializado e as casas de ferragem oferecem à venda ferros a carvão, ainda utilizados no interior, e ferros a gás, não só nas pequenas cidades, como nas grandes capitais.

Descansos

Todo ferro, como regra, tem seu *descanso* (em espanhol, *planchero*; em inglês, *stand* e, em francês, *porte-fer* ou *repose-fer*), desde que não possua meios próprios para ficar de pé. É uma peça metálica destinada a receber o ferro enquanto a passadeira ajeita a roupa a ser passada ou quando o ferro já não está mais sendo usado. É peça necessária, para evitar que a base quente do ferro fique em contato direto com a mesa ou a tábua de passar, sempre guarnecida com cobertor e um tecido fino de algodão.

Há ferros que dispensam *descanso*, já da categoria dos elétricos; são produzidos para repousar sobre sua própria parte traseira, ganhando posição vertical.

Os *descansos*, de chapa moldada, de ferro fundido ou forjado, de bronze etc., são especiais para cada tamanho e para cada modelo de ferro, assumindo aspectos variados, desde os simples aos mais rebuscados, alguns com monogramas, outros ricamente decorados.

É comum a perda desses *descansos*, ou por quebra ou por simples extravio, sendo rotineira sua substituição por pratos emborcados ou prosaicas latas de goiabada e mesmo outras soluções que as passadeiras acabam encontrando para evitar que o ferro sapeque ou queime o seu cobertor de passar.

Qual será o próximo passo do ferro de passar? Com o desenvolvimento das tecnologias ligadas à indústria têxtil, o que será dele? Tecidos sintéticos e tratamento das fibras naturais que não amassam, nem mesmo enrugam, decretarão a morte dos ferros de passar?

É esperar para ver.

Os leitores desejosos de maiores informações sobre a conservação e a passagem de roupas vão ter, no final deste trabalho, uma bibliografia em que se indica a leitura necessária e indispensável, além de incluir iconografia[3], obras referentes à moda, à vestimenta, à vida cotidiana, aos hábitos e aos costumes em todos os tempos. Costumes[4] que incluem o uso da *água de amido* (ou *de arroz*) ou *goma*[5] que só os nobres e privilegiados podiam comprar devido a seu custo exorbitante. Goma que, a partir da metade do século XVI, viu seu uso incrementado, e era aplicada especialmente nos mantéus[6] que, como epidemia, se espalharam por todo o continente europeu.

1. Uma dúvida que persiste é se as antigas culturas americanas pré-colombianas conheceram o ferro de passar ou o brunidor, uma vez que elas sabiam tecer.
O norte-americano Thomas Ewbank que circulou pelo Brasil de 1º de fevereiro de 1846, quando chegou ao Rio de Janeiro, até 5 de agosto do mesmo ano, quando retornou a Nova York, fez muitas observações que reuniu no volume *Vida no Brasil*. No final do trabalho acrescentou um apêndice com ilustrações de seu punho (aliás, o livro é todo ilustrado pelo próprio autor), em que descreve objetos de louça, barro, metal, dos antigos incas. Esses objetos, "valiosa coleção de antiguidades", foram reunidos pelo general Alvarez, o "último representante espanhol e governador da província de Cusco". Ante de voltar à Espanha, esse general vendeu a coleção, no Rio de Janeiro, ao sr. Barbosa, "um senhor brasileiro de grande cultura e de grande pendor pelas coisas antigas". Esse sr. Barbosa citado por Ewbank é certamente o mordomo-mor imperial Paulo Barbosa (da Silva). Ewbank reproduziu com seu preciso bico-de-pena as peças dessa coleção e as descreve uma a uma. Entre elas nota ele um objeto extremamente semelhante a um *ferro* de passar modelo de estufa. Dessa peça fala o autor: "O instrumento tomei-o naturalmente por um ferro de passar, ou por um velho substituto deste utensílio, indispensável de nossas lavadeiras. Mas, enganei-me redondamente. É uma antiga trolha feita de pedra, com o cabo e o resto; suas dimensões são as do ferro de engomar comum; a face tem dez por oito centímetros e pouco mais de um centímetro de espessura".
Em seguida, Ewbank faz considerações sobre a trolha e seu uso e não explica por que errou *redondamente* ao pensar que o objeto era ferro de passar, com formato idêntico a um de estufa, isto é, triangular, com o cabo disposto na forma e posição usuais. Forma triangular e área tão reduzida, deixa-nos na dúvida ser realmente trolha essa peça. Pode ser – por que não? – um brunidor, *velho substituto* do ferro, instrumento antigo, já utilizado em tempos remotos para alisar tecidos, entre outras funções.

2. Gilberto Freyre em *Ingleses no Brasil* transcreve anúncios em jornais de Recife e do Rio de Janeiro em que cidadãos britânicos vendiam ou leiloavam móveis e objetos. É o caso do negociante André Laurie, no Rio, que em 1818 anunciava a venda de engenhos *para engomar roupa com grande velocidade*. Máquina que também aparece entre os objetos leiloados em Recife por Mr. Charles Roope, em 1846, e entre os vendidos por um certo sr. Bieber, por motivo de seu regresso à Europa, em 1850.

Máquina de engomar é peça semelhante, na estrutura e no funcionamento, à máquina de tiotar, dotada de dois rolos justapostos, em cujo interior (interior dos rolos) são colocadas barras cilíndricas de ferro previamente esquentadas. Siegfried Giedion não registra, no ciclo de evolução do equipamento destinado aos cuidados das roupas, nenhuma máquina de engomar. Giedion apenas dá notícia de máquinas de passar rotantes de grande porte, esquentadas a vapor, de uso em lavanderias, só a partir de 1880. Máquinas que evoluíram para as já elétricas inventadas pelo francês Doucudun, em 1900, e que, por sua vez, deram origem às máquinas portáteis de passar, domésticas, mas isso nos anos de 1920.

É verdade que a pesquisa de Giedion não é completa. Quanto ao equipamento para passar, por exemplo, só trata dos ferros de calor contínuo e, por isso, apenas aborda o ferro a gás e cuida do lançamento do ferro elétrico. Omite outras categorias, inclusive as máquinas de engomar e de tiotar.

Os ingleses, que tanto influenciaram nosso conforto doméstico, mereceram duras críticas de Francisco de Sierra y Mariscal, um observador exageradamente anglófobo, em *Idéas Geraes sobre a Revolução do Brasil e Suas Consequências*, texto de 1823. Acusa de *monstruoso* o tratado de 1810 (que estabelece os direitos que os brasileiros deviam pagar por "todos os Generos e Mercadorias de Produção e Manufatura ingleza que importarem nas Alfandegas do Estado do Brasil").

Assim Sierra y Mariscal exsuda sua bílis: "Depois d'este tratado, eu tenho visto nas vezinhanças do Rio de Janeiro, Villas reduzidas a Ruinas, e dezertas; o mesmo acontece no Reconcavo da Bahia. Este tratado deu a morte ao Brazil, e a Portugal. Os Inglezes chegarão a fazêr Cabotage. Levarão em trôco do luxo que introduzirão no Brazil os produtos do paiz, e quando dinheiro havia, e ainda o Brazil deve aos Inglezes muitos milhões. Os Inglezes não são como os outros homens do Continente Europêo, ainda que vão de mâma, não amão outro país que a Inglaterra. Não se cazão; não comem, nem bebem se não o que hé Inglez. São uma Aranha pôr tôda parte; qualquer Nação deve temer mais um escriptorio Inglez em seu Paiz, que todas as pessas d'Artelharia Inglezas. Eu conheço Inglezes no Rio de Janeiro, que mandão lavar, e engomar a Roupa á Inglaterra, por último são uns monstros para o Paiz em que estão, e são os melhores Cidadãos Inglezes. Por este tratado, entrarão no Brazil o Çapato feito, os Moveis, o Fato, ate colchões; e eu tenho visto dezembarcar no Rio de Janeiro Caixões já ornados para interrar meninos. Sua cobiça feróz se estendeu a tudo, e tudo devorou, e engolio".

Sem pôr em dúvida a afirmação de que Sierra y Mariscal de fato conhecia ingleses que mandavam lavar suas roupas na Inglaterra, o que não era impossível, apesar dos rasgados elogios de Debret às lavadeiras brasileiras, é certo que muitos ingleses se casaram com brasileiras e no Brasil se acomodaram. Ao mesmo tempo que ajudaram a virar do avesso (luxo?) os hábitos da burguesia local que passou a ter acesso, a partir de 1808, às mil e uma facilidades de vida inglesas, que iam dos troles às máquinas de engomar, do comer com talher ao *water-closet*, dos vidros nas janelas aos cristais nas mesas, do morar nas chácaras aos ternos brancos. Ternos brancos certamente engomados e passados com ferro inglês...

3. A iconografia ocidental do ferro de passar é constituída de inequívocos documentos que confirmam a existência desse instrumento de trabalho (e como era usado) desde o século XVI. Vale mais por isso – prova de idade – do que como reveladora de modelos e categorias. Rica em número, essa iconografia, formada de pinturas, desenhos, litografias e gravuras, desde o Quinhentismo até o século XX, reproduz tão-somente os mais simples e banais ferros de estufa.

Não pretendemos pinçar na história da arte os artistas que se valeram do tema, que este não é o propósito do presente trabalho. Queremos apenas registrar que, desde o século XVI, o ferro e a lavadeira-engomadeira ou o alfaiate foram assuntos de obras de arte (inclusive a literatura não os esqueceu, a exemplo do romance *L'assomoir*, de 1877, de Emile Zola e, entre nós, do poema singelo de Álvares de Azevedo, transcrito no final desta nota).

Antes do século XVII, o chamado *século de ouro* da pintura flamenga, que então afastou das telas as representações hieráticas e épicas, passando a registrar basicamente cenas domésticas, o pintor M. Valcke em 1587-1588 se valeu da alfaiataria e do ferro como tema (Museu Vleeshuis de Antuérpia). Esta é a mais antiga representação do ferro de passar na pintura ocidental de que se tem notícia.

Nos séculos seguintes até nossos dias, o assunto foi retomado um sem-número de vezes, passando pelos grandes mestres como Daumier, Degas e Picasso.

Vale aqui registrar que a Philips Italiana realizou, em 1971, uma ampla promoção dos ferros de sua marca e integrou nessa providência mercadológica, além de mostra de ferros antigos, uma exposição de telas pintadas por artistas italianos contemporâneos. A convite, cada artista interpretou *la donna che stira*, cada um dentro do seu estilo de pintura, do cubismo ao realismo. Expuseram no Circolo della Stampa em Milão, de 17 a 21 de setembro de 1971.

Em âmbito brasileiro, o ferro e a passadeira aparecem eventualmente nas artes plásticas, já em pleno século XX, na obra de Carlos Scliar, de Wellington Virgolino, de Quissak Jr. e, mais recentemente, de Newton Mesquita.

Cumprindo o prometido no início desta nota, reproduzimos em seguida os deliciosos versos do poeta paulista Manuel Antônio Álvares de Azevedo que morreu em 1852, antes de completar 21 anos de idade. Precursor do realismo brasileiro, entre 1848 e o ano de sua morte, o poeta escreveu o poema intitulado *É ela! É ela! É ela! É ela!*:

É ela! é ela – murmurei tremendo, / E o eco ao longe murmurou – é ela! / Eu a vi – minha fada aérea e pura – / A minha lavadeira na janela! // Dessas águas furtadas onde eu moro / Eu a vejo estendendo no telhado / Os vestidos de chita, as saias brancas; / Eu a vejo e suspiro enamorado // Esta noite eu ousei mais atrevido / Nas telhas que estalavam nos meus passos / Ir espiar seu venturoso sono, / Vê-la mais bela de Morfeu nos braços!

// Como dormia! que profundo sono!... / Tinha na mão o ferro do engomado... / Como roncava maviosa e pura!... / Quase caí na rua desmaiado! // Afastei a janela, entrei medroso; / Palpitava-lhe o seio adormecido... / Fui beijá-la... roubei do seio dela / Um bilhete que estava ali metido... // Oh! de certo... (pensei) é doce página / Onde a alma derramou gentis amores; / São versos dela... que amanhã decerto / Ela me enviará cheio de flores... // Tremi de febre! Venturosa folha! / Quem posasse contigo neste seio! / Como Otelo beijando a sua esposa, / Eu beijei-a a tremer de devaneio... // É ela! é ela! – repeti tremendo; / Mas cantou nesse instante uma coruja... / Abri cioso a página secreta... / Oh! meu Deus! era um rol de roupa suja! // Mas se Werther morreu por ver Carlota / Dando pão com manteiga às criancinhas, / Se achou-a assim mais bela – eu mais te adoro / Sonhando-te a lavar as camisinhas! // É ela! é ela! meu amor, minh'alma, / A Laura, a Beatriz que o céu revela... / É ela! é ela! – murmurei tremendo, / E o eco ao longe suspirou – é ela!

4. São Paulo, nos primeiros tempos, viveu praticamente isolada serra acima. Tão isolada que gozava de autonomia quase absoluta em relação ao governo da Colônia e mesmo ao da Corte. Isolamento que permitia inclusive a desobediência às leis e às ordens emanadas das autoridades constituídas, até às do próprio rei.

Sem maior intercâmbio com o litoral, separada do oceano pela difícil escarpa da serra do Mar, São Paulo não tinha mais do que uma indústria primária. Produzindo marmelada, chapéus e poucos outros bens de consumo básicos e indispensáveis, supria as necessidades elementares de um povo formado essencialmente por homens rudes, cujas correrias pelos sertões inóspitos se tornaram lendárias.

Essa sociedade mameluca ilhada e altiva, que muito pouco dispunha de bens materiais, com certeza não primava pela aparência, vestindo roupas de fatura precária, surradas pelo uso continuado. E bastante suarentas para justificar uma outra indústria próspera, a de água-de-rosas.

Talvez por isso, de tantos inventários e testamentos que restaram da história paulista primeva, datados dos nossos três primeiros séculos, em que se arrolavam os mais simples e humildes objetos, como cabaças, redes, pratos e urinóis, não consta sequer um único registro de ferro de passar. Isto é sinal de que nossos avoengos não passavam suas roupas.

Ferro de passar era instrumento de total inutilidade para os homens que, em grande cópia, entravam pelos sertões e ali demoravam até anos seguidos. De outro lado, eram de discutível valia para as mulheres que se cobriam também com vestes rústicas, tão rústicas quanto a própria vida que levavam. Vida que não permitia o uso de roupas melhores, mais refinadas, que naturalmente existiam em São Paulo, mas que permaneciam pelo tempo afora no fundo dos baús, à espera de uma oportunidade – raríssima – de uso. As roupas do dia-a-dia eram mesmo de tecidos da terra, feitos em casa, costurados à mão, de algodão ou lã, que as mulheres certamente não se preocupavam em alisar por desnecessário. Afinal, quase sempre escondidas, viviam nas áreas íntimas da residência ou atrás de rótulas que permitiam ver sem serem vistas.

Os inventários e testamentos coloniais são, sabidamente, excelentes referências para o estudo da casa paulista, desde o primeiro século até a primeira metade do século XVIII. Ernâni Silva Bruno já observou em *Algumas Notas sobre o Mobiliário Paulista do Tempo dos Bandeirantes* que para se "conhecer, até certo ponto, o tipo de mobiliário (além de outras peças do equipamento) na habitação paulista da classe dominante, na época do bandeirismo, nenhuma fonte existe mais completa e mais valiosa que a constituída pelos inventários e testamentos coloniais".

Nesses inventários e testamentos, se não se faz referências aos ferros, pelo menos se dá notícia de alfaiates – como tantos que sem dúvida existiram nos nossos três primeiros séculos – que deviam possuir entre seus instrumentos de trabalho um ou mais ferros profissionais. Por exemplo, já no início do século XIX, tinha o seu instrumento um certo escravo Joaquim, citado no *Caderno de Assentos* de Francisco Xavier da Costa Aguiar (casado com dona Bárbara Joaquina, irmã de José Bonifácio, o Patriarca). Nesse caderno está anotada a compra de um *ferro de alfaiate,* adquirido entre 1813 e 1814 pelo preço de oitocentos réis, para o trabalho do citado escravo. Costa Aguiar que residia em Santos, cuidadosamente registrou, desde 1784 até 1821, as despesas de sua casa, documento que serviu de base para estudo da pesquisadora Maria José Elias, do Museu Paulista. No caderno em questão, em espaço de 37 anos, não aparece nenhum outro ferro de passar ou engomar, além desse de alfaiate.

O inventário de bens da matriarca paulista de título Galvão de França, dona Francisca Xavier de França, batizada em 1753 em Guaratinguetá onde faleceu em 1805, indica a existência doméstica (não profissional) do ferro de engomar antes de 1808, a partir de quando o uso do ferro sofreu notável incremento. Entre os pertences de dona Francisca, consta um ferro avaliado em oitocentos réis.

Ainda há uma relação de produtos que entraram no país pelo porto de Santos, enviada em 28 de janeiro de 1796 ao governador da província de São Paulo, general Bernardo José de Lorena, e reproduzida em *Documentos Interessantes*, volume XLV, que testemunha a existência do ferro de engomar no final do século XVIII paulista. O documento termina com uma longa lista na qual aparece o item *Ferros deengomar cadahum $200.*

A partir dessa premissa, *grosso modo*, podemos afirmar que o ferro de engomar praticamente não existiu em São Paulo até a primeira metade do século XVIII; na segunda metade, passou a ter presença discreta. No século XIX, o uso do ferro toma impulso notável, talvez por influência da Corte que se instalou no Rio de Janeiro em 1808. Esse incremento do uso do ferro é testemunhado pelo grande número de anúncios de compra e venda de escravas que sabiam engomar, publicados nos nossos jornais. Gilberto Freyre, em *O Escravo nos Anúncios de Jornais Brasileiros do Século XIX*, diz que são freqüentes nesses anúncios, entre outras especializações, a de *engomadeira*, a qual consta de anúncios que ele transcreve: "[...] uma negra que saiba cozinhar e engomar; [...] uma que engome e coza; mulata de linda figura [...] engomadeira e costureira; preta moça perita engomadeira [...]" etc.

Em *Um Fazendeiro do Século Passado*, F. A. Veiga de Castro trata do porto-felicense Manuel Bernardino de Almeida Lima, "próspero fazendeiro na sua fazenda do Alto Retiro em Capivari, senhor de numerosos escravos" já na metade do século XIX. Em 1860 tinha quase cem negros. Nesse estudo, o autor relata que "do Rio de Janeiro vinham as baetas Priste, as chitas de Londres [...] Aqueles tecidos eram para vestir os escravos. Os negros tomavam roupa uma vez cada ano: calça, camisa, ceroula".

Um documento de 1838, transcrito por Ernâni Silva Bruno, já deixava claro: "Os tratem como livres [*referindo-se a escravos deixados em herança*] e como tais lhes dêem cada ano seu fato de vestir, como sempre fiz". Os escravos (tratados como livres), como se vê, recebiam realmente não mais que uma só muda de roupa por ano. É de se imaginar o estado desses negros com o correr do tempo. Gilberto Freyre, em *Um Engenheiro Francês no Brasil*, observa que "era grande o número de gente andrajosa, de negros esfarrapados pelas ruas do Recife".

Será que o testador acima referido, entre tantos molambos à sua volta, tinha a preocupação de se vestir no trabalho de administração da roça, do engenho, do gado, com roupas que notavelmente o distinguisse dos negros? Na verdade as roupas que usava eram iguais, no tecido e no corte, às dos próprios escravos.

Licurgo Santos Filho atesta essa verdade em *Uma Comunidade Rural do Brasil Antigo: Aspectos da Vida Patriarcal no Sertão da Bahia nos Séculos XVIII e XIX* abrangendo um período de 150 anos. Diz: "Quanto às negras, participavam elas dos trabalhos na engenhoca, na fabricação da mandioca, nos serviços domésticos e de costura, e na fiação e tecelagem do algodão, para a confecção do pano que vestiu os escravos. Esse pano grosseiro de algodão de manufatura caseira, também forneceu o vestuário quotidiano, de trabalho, dos brancos [...]".

Confirmando a pobreza das roupas do brasileiro, depõe João Maurício Rugendas, desenhista da Missão Langsdorff, em *Viagem Pitoresca através do Brasil, 1820*: "Julgando-o apenas pelo interior de suas residências [*o autor refere-se aos colonos do interior, contrastando com os do litoral*], pelas suas vestimentas e pela sua alimentação, o europeu teria dificuldade em acreditar que a maioria desses colonos é abastada e que muitos deles são mesmo ricos".

Aliás, Saint-Hilaire escreveu que os fazendeiros brasileiros não gastavam seu dinheiro "em construir belas casas nem em mobiliá-las. Comem arroz e feijão; muito pouco lhes custa também o vestuário [...] não se distinguindo realmente dos pobres [...]".

Morando melhor, os brasileiros à beira-mar vestiam-se melhor. As sedas, os cetins, os tafetás e os mais ricos e finos tecidos não eram raridade entre homens e mulheres no Rio de Janeiro, Salvador, Recife, fazendo as roupas melhores segundo a moda ditada pelos centros de influência. Tecidos trazidos pelas embarcações que ainda atracavam repletas de novidades da Europa, da Índia, da China.

Não se pense, entretanto, que o luxo era característica do trem de vida das famílias além-fronteiras paulistas. Gilberto Freyre, em *Casa Grande e Senzala*, diz que "o luxo asiático que muitos imaginam generalizado ao nordeste açucareiro, circunscreveu-se a famílias privilegiadas de Pernambuco e da Bahia. E este mesmo um luxo mórbido, doentio e incompleto. Excesso numas coisas, e esse excesso a custa de dívidas; deficiências noutras. Palanquins forrados de seda, mas telha-vã nas casas-grandes e bichos caindo na cama dos moradores".

Gilberto Freyre ainda observa o desmazelo da família aí, mesmo as mais abastadas, no traje doméstico, ao tempo da Colônia, desmazelo também notado pelo comerciante inglês John Luccock que por aqui andou de 1808 a 1818. Aliás, bem antes, o padre Anchieta já observara que os colonos do século XVI, ainda que abonados, andavam descalços.

Na descrição de Gilberto Freyre, em *Casa Grande e Senzala*, os senhores de engenho, quando não precisavam ostentar grandeza ou fortuna, andavam descalços, de chambre de chita ou só de ceroulas. E suas mulheres, que exibiam ricos vestidos nas igrejas, em casa ficavam de saia de baixo e chinelos sem meias. Capistrano de

Abreu narra, em *Capítulos da História Colonial*, que o dono da casa-grande, "como toda a população masculina, andava de ceroula e camisa", dentro de casa, obviamente. Quando recebia visita, vestia-se de quimão, timão ou chambre. A roupa caseira das mulheres, conta ainda Capistrano, constava de camisa e saia.

John Luccock é autor de *Notas sobre o Rio de Janeiro e Partes Meridionais do Brasil*, livro publicado em Londres em 1820. Homem de aguda percepção, narra a suja e malcheirosa paisagem carioca (como de resto das demais cidades brasileiras) sem varredura nas ruas, sem coleta de lixo, com barricas de dejetos de latrina nos quintais, lançados à rua em dias de chuva para que a enxurrada os levasse, casas só varridas de vez em quando e raramente lavadas.

Falando das mulheres do Rio de Janeiro, Luccock diz: "[...] as mulheres das classes altas e médias, e especialmente as mais moças, vivem muito mais reclusas que em nossa terra. [...] quando entre amigos íntimos, vêem-se apenas de camisa cingida à cintura pelos cordões da saia e com as alças frequentemente caindo de um dos ombros; não usam meias e raramente usam chinelos ou mesmo os socos de madeira com correias pardas a que chamam tamancas. Os cabelos são compridos e em geral despenteados e seguros por uma fita [...]". Dos homens, ele diz que de maneira geral usavam velhos casacos pretos surrados e até remendados e quando não recortados; os chapéus eram grandes e *sebosos*.

Ao quadro pintado acima, o autor ainda acrescenta que a higiene, a limpeza e os cuidados pessoais não eram muito levados em consideração. O comer com as mãos e o banho raríssimo (nada apreciado pelos homens) chocaram o circunspecto inglês. Nota ainda Luccock que os cariocas lavavam os pés, mas o restante do corpo, inclusive o rosto, "raramente recebem a bênção de uma lavada", o que é válido também para as crianças que, como observa, andavam nuas pela casa até os cinco anos de idade; depois, até por volta dos dez anos, passavam a vestir tão-somente uma camisa.

Concluindo: nesse panorama de rusticidade, falta de higiene e pobreza da vestimenta diária, havia necessidade de uso do ferro de passar?

Salvo a aplicação da goma que acabou por se generalizar e até criar uma indústria especializada no início do século XIX, depois da chegada da família real em 1808 (indústria incrementada a partir de 1816 com a presença da Missão Artística Francesa), de maneira geral nenhuma outra providência era tomada como regra pelo povo, inclusive pelo mais bem aquinhoado, para o assentamento das roupas. Afinal, todos sabiam, também, que a goma de amido era domingueira.

Jean-Baptiste Debret, em seu livro *Viagem Pitoresca e Histórica ao Brasil*, diz que "é de 1816 que data a inovação, no Rio, da indústria da lavagem de roupas". E acrescenta que em 1822 essa indústria tomou grande incremento "graças à presença, no momento, de uma multidão de indivíduos atraídos pela solenidade da sagração do Imperador". Era a lavanderia que tomava impulso. Antes disso, lavar roupa era tarefa dos escravos, se possuíssem escravos...

"Uma família rica", diz Debret, "tem sempre negras lavadeiras e uma mucama encarregada especialmente de passar as peças finas, o que a ocupa pelo menos dois dias por semana, pois uma senhora só usa roupa passada de fresco e renova mesmo sua vestimenta para sair uma segunda vez de manhã. Mas", adianta Debret, "as casas pobres, que só possuem um negro, mandam-no lavar roupa nos chafarizes da cidade [...]".

Conta ainda Debret que as pessoas que exploravam essa indústria empregavam negras como lavadeiras e "uma ou duas mais inteligentes são encarregadas de passar roupa [...]". Debret elogia as nossas lavadeiras: "As lavadeiras brasileiras, aliás muito mais cuidadosas que as nossas, têm a vaidade de entregar a roupa não somente bem passada e arranjada em ordem dentro de uma cesta, mas ainda perfumada com flores odoríferas [...]". Acrescenta o artista francês: "O que é mais apreciável ainda para o estrangeiro, no Rio de Janeiro, é que sua roupa branca lhe é devolvida admiravelmente limpa mas ainda consertada pela lavadeira, cujo trabalho, de resto, se paga assaz caro, principalmente por causa de ser cuidadosamente passada. Por isso mesmo, não foi esse recurso econômico negligenciado e algumas francesas, mães de família, mulheres de artífices, dele se valem com lucros".

Nul bain pendant mil ans (Jules Michelet) é a imagem que ficou da Idade Média, porque há mil referências que abonam essa conclusão, a exemplo do rei Philippe-Auguste de França, cujas anotações de despesas particulares ainda se conservam, referentes aos anos de 1202 e 1203. Essas contas nos revelam que o rei e os príncipes só trocavam de roupa três vezes por ano, no dia de Santo André, no Natal e no dia da Assunção de Nossa Senhora.

De outro lado, há quem desminta categoricamente essa imagem de falta de asseio, como o pesquisador português A. H. de Oliveira Marques que no volume *A Sociedade Medieval Portuguesa* contesta esse quadro: "Alguns historiadores dos séculos XIX e XX imaginam a Idade Média como um paraíso da imundície [...]. O juízo é no entanto falso".

Oliveira Marques garante que na Idade Média portuguesa "cuidava-se da roupa [...]. A sujidade nas roupas tinha-se por sacrifício e é possível que, nestes tempos, fosse mais frequente do que em épocas de fervor religioso menos intenso. A princesa Santa Joana chegou a usar a mesma camisa durante meses e meses, sofrendo terrivelmente com as legiões de piolhos que se iam criando. Casos como esse não seriam porventura raros, mas suscitavam sempre admiração. A roupa mudava-se com relativa frequência, pelo menos entre as classes abastadas". Aliás, Oliveira Marques relaciona riqueza com limpeza, entrando em conflito com seu próprio juízo: "Limpeza é muito mais apanágio de riqueza, do que normalmente se julga. Abaixo de um certo nível de bem estar material, só por exceção é possível encontrar asseio".

Jaime Signier em artigo no *Jornal do Comércio* do Rio de Janeiro, de 20 de outubro de 1922 (citado em *Erasmo, a Renascença e Humanismo*, de Ivã Lins), lembra que os banhos dos reis e dos grandes eram fatos relevantes, tão destacados que foram registrados pela história. "Se isso se dava com os soberanos, imagine-se o que seria com o povo", observa Ivã Lins. Erasmo, segundo o mesmo autor, atribuía à "extrema imundície dos ingleses as epidemias tão frequentes na Grã-Bretanha" de seu tempo. Lembra Lins que o cristianismo passou a considerar a vida material *miserável desterro*, condenando vivamente o trato do corpo. O mesmo autor, corroborando com a idéia de *sacrifício*, diz que, "coerente com essa idéia, os santos relegavam a um plano secundário a miserável carne, que os impedia de imediatamente se evolarem para junto da Divindade. Santa Teresa de Jesus conta, entre seus pecados graves antes de atingir a perfeição cristã, o gosto e a preocupação que tinha com a limpeza de suas mãos. Mais tarde, porém, depois de haver ingressado no caminho da santidade, a simples vista da água inspirava-lhe verdadeiro horror, como ela própria registra em sua autobiografia".

Que roupas eram então lavadas? É evidente que as roupas de estrutura mais simples podiam ser lavadas com certa freqüência. Mas as roupas ricas, não. Talvez fossem descartadas após o uso por longo tempo, uma vez reaproveitados os materiais nobres aplicados. Aliás, os bordados por vezes cobriam toda a superfície dos tecidos, empregando-se fios de ouro e prata, pérolas e pedraria, além de brocados, rendas, mangas fartas de pano, laços, franzidos, pregas, babados e muitos outros detalhes.
É exemplificativo lembrar que para a função religiosa mandada celebrar em 24 de novembro de 1588, em ação de graças pela destruição da Invencível Armada, a rainha Elisabete I da Inglaterra mandou fazer um vestido totalmente coberto de jóias. Maria de Médicis, no vestido com que assistiu ao batizado de seu filho, o delfim que recebeu o nome de Luys (Louis XIII) e de suas irmãs Christierne (Christine) e Elisabeth, em 24 de setembro de 1606 (*en ceste journee le temps fut fort clair & serein*), tinha nada menos que 32 mil pérolas e três mil diamantes. Narra ainda o *Mercure François*: "[...] l'ornement & le lustre des Princesses & Dames de la Court, estoit admirable, pour ce que la veue ne pouvoit sustenir la Splendeur de l'or, ny la candeur de l'argent; ny le brillant des perles & pierreries que couvroient leurs habillements; mais sur tout paroissoit la Robe de la Royne estoffee de Trente-deux milles perles, & de trois milles diamants". Em 1612 ainda, a rainha de França Maria de Médicis e a condessa de Soissons compareceram a uma reunião no Louvre com vestidos literalmente cobertos de pedraria, ao ponto de, descreve ainda os trajes o *Mercure François,* não se ver os tecidos com que as roupas foram feitas.
Observando-se tal superfluidade, é inevitável a pergunta: não teriam tais excessos relação direta com as dificuldades de conservação, limpeza e alisamento, já que a troca de roupa não era diária, não sendo lavada por razões óbvias, e muito menos passadas? A estamparia farta e multicolorida, os bordados, as rendas, o faiscar do ouro e das pedras, as excrescências, verdadeiras camuflagens, certamente visavam, também, além da evidente demonstração de riqueza e poder, a esconder o amarrotamento e mesmo a sujeira dos tecidos. Ainda o uso de barbatanas de baleia não visaria a fins semelhantes quanto ao alisamento? Aplicadas para armar a roupa, estirando os tecidos, certamente melhoravam o seu aspecto. A barbatana em muitos casos substituiu a goma, quando se tornava difícil ou cara a aplicação deste produto, como nas saias-de-baixo, fartas de pano, que sustentavam os *robes-volantes* do século XVIII.

5. O amido (*ámylon*) já era conhecido na Grécia antiga, consumido basicamente na culinária. Foi citado por Dioscórides (século I d.C.) e por inúmeros outros autores da antigüidade helênica.
Plínio o Velho, naturalista romano (23-79 d.C.), que muito se valeu de Dioscórides, também cita o amido (*amylum*) na economia doméstica e atribui seu descobrimento aos habitantes de Quio que, segundo ele, tinham a fama de preparar o melhor amido que se conhecia. Chios, Khíos ou Scio é uma pequena ilha grega no mar Egeu junto à costa turca. Os turcos chamam-na de Saquis-Adase.
Em castelhano a mais antiga citação registrada da palavra *amidón* deve-se a Elio Antonio Nebrija (ou Lebrija, que viveu de 1444 a 1522), segundo o *Diccionario Crítico y Etimológico de la Lengua Castellana* de Juan Corominas. É curioso observar que posteriormente, no espanhol, foi acrescentado a *amidón* um *l* (*almidón*) por

influência do grande número de palavras de origem árabe iniciadas com o artigo *al*. Entretanto, *almidón* nada tem de árabe. O mesmo dicionário ainda cita as mais antigas referências conhecidas de amido em outras línguas românicas: *midó* ou *amidó*, em 1249, no catalão, e *amidon*, em 1302, no francês.

Como na Grécia, na península Ibérica o amido foi também consumido especialmente na culinária e na medicina. O seu uso na Europa para a obtenção de goma destinada a armar os tecidos só se generalizou a partir da metade do século XVI, o mesmo século em que aparece a primeira referência escrita à palavra *amido* em língua portuguesa, segundo José Pedro Machado no *Dicionário Etimológico da Língua Portuguesa*. Fato coincidente com o surgimento dos mantéus engomados e enrocados ou encanudados que chegaram a ser usados por dom Sebastião, o Desejado, 16° rei de Portugal.

Amido vem do grego *ámylon* através do latim erudito *amylum*, corrompido para *amidum* no baixo-latim. Observe-se aí a transmutação do *l* em *d*, fenômeno que Juan Corominas aborda: "No está bien explicado el cambio de *l* en *d*. Quizá se deba a lo raras que eran en latín las palabras en *ilum* frente a los numerosos casos de *idum*, más bien que al conocido fenómeno de fonética dialectal latina que ocasionó el cambio de *aleps* en *adeps*, y los más arcaicos de *dingua* en *lingua*, *dacruma* en *lacrima*, etc., pues *amidum* sólo se halla en bajo latín".

A goma, recurso já utilizado na Europa no século do descobrimento do Brasil, é nada mais que a mistura a frio ou a quente de água e amido, substância hidrocarbonada existente em certas raízes, grãos, tubérculos etc., tais como arroz, trigo, batata, mandioca, aveia e milho. O amido, dependendo de onde é extraído, ganha nomes diferentes: fécula, polvilho, araruta (*arrow root*) etc. Não se modifica na água fria, mas com ela a 80 °C, se dissolve e se transforma em pasta gelatinosa a que chamamos *goma*.

Mas essa goma, que se preparava na Europa para enrijecer os tecidos, era obtida do amido do arroz como na Índia? É possível. Afinal, o europeu conhecia o arroz, produto importado do Oriente e comercializado na península Ibérica pelos mouros, consumido mesmo (inclusive na França) já em períodos até bem anteriores às mais antigas referências às roupas engomadas na Europa (século XIV).

Otoniel Mota nos dá uma interessante informação em seu trabalho *O Arroz na Geografia, na Filologia e na História*. Diz: "A mais antiga menção do arroz que me ocorre em documento da Península Ibérica, o que não deixa de ser curioso, está num *Pentateuco* do século XIII, em espanhol, publicado pela Faculdade de Filosofia e Letras da Universidade de Buenos Aires, como parte de uma *Bíblia medieval romanceada*. O manuscrito é do século XV, diz a introdução, mas o texto deve ser do século XIII".

Mais adiante informa Otoniel Mota: "Muito antes, porém, do século XIII, um diploma, concedido à abadia de Corbie em 29 de abril de 716 por Chilperico II, permite a essa igreja retirar mercadorias do celeiro do fisco de Fós. Entre os gêneros mencionados estão vinte libras de *arroz*. O gênero vinha naturalmente entre os produtos trazidos pelo comércio oriental".

Talvez o altíssimo custo das roupas e golas engomadas se explique pela própria fonte do amido: o arroz que, importado do Oriente, não era nada barato.

Mas, observe-se, Bluteau em seu *Vocabulário Português e Latino*, datado de 1712, diz: "Fazse de trigo". Não se refere ao arroz. Por inteiro eis o verbete *goma* de Bluteau: "Gomma de engomar voltas. &c. Fazse de trigo, que se molha, & remolha, quatro ou cinco vezes no dia, & se lava, & se espreme, como leite, que se coalha, & despois de purificado, se põe a secar ao sol. Com este leite se engomão volta & outra roupa, para que fique teza". (*Voltas*, citadas por Bluteau, são as golas circulares e pregueadas conhecidas por mantéus.)

O *Dicionário* de Morais no verbete *goma* não se refere à goma para roupas. Informa em *engomar* ou *engommar* (o próprio dicionarista oferece as duas alternativas ortográficas): "Meter em gomma, e depois passar o ferro quente, para alisar a roupa". Aurélio usa quase as mesmas palavras: "Meter em goma e alisar depois com o ferro de engomar, engomar roupa. P. ext. Alisar (a roupa) com o ferro de engomar; passar". Aurélio deixa claro que *engomar* é sinônimo de *passar.*

No francês, também "engomar" (*polir*) é sinônimo de "passar" (*repasser*). No verbete *repasser* da *Enciclopédia* de Diderot, lê-se: "Terme de blanchisseuse; c'est mettre un linge mouillé sur un linge seché pour en accommoder les ourlets; cet mot signifie encore polir avec le fer".

Miguel de Cervantes em *El Ingenioso Hidalgo Don Quijote de la Mancha*, cuja primeira edição é de 1605, confirma que é antigo e bastante caro o uso do amido, no trecho do capítulo 44, da Segunda Parte, em que Cide Hamete Benengeli vocifera contra a pobreza: "Oh pobreza, pobreza! [...] Por qué quieres estrellarte con los hidalgos y bien nacidos más que con la otra gente? [...] Por qué sus cuellos, por la mayor parte, han de ser siempre escarolados, y no abiertos con moldes? Y en esto se achará de ver que es antiguo el uso del almidón y de los cuellos abiertos".

Resumindo, Benengeli lamenta ser a maior parte dos mantéus *escarolada* (de *escarola*, cujas folhas são crespas), golas muito caras, que mantinham a sua forma com a aplicação de água de amido, recurso, como comentou Cervantes, de uso antigo. Antigo quanto? Há no Ocidente referências ao século XIV. Mas certamente é anterior.

Os mantéus encanudados realmente eram golas consideravelmente caras. É farta a documentação sobre seu custo.

Ainda em *Don Quijote*, no capítulo 24, também da Segunda Parte, há uma revelação de jovem pajem que responde a dom Quixote à sua pergunta: "[...] lleva vuesa merced alguna vantaja por ventura?" Responde o jovem: "[...] pero yo desventurado, serví siempre á catarriberas y á gente advenediza, de ración y quitación tan mísera y atenuada, que en pagar al almidonar un cuello se consumía la mitad della". Isto é, revela o escudeiro a dom Quixote que os amos a quem servira gastavam nas suas golas engomadas a metade do que ganhavam.

Francisco Rodríguez Marín em notas na edição de *La Lectura* de *Don Quijote* diz: "Hay en esto alguna exageración; pero no era nada barato el lucir, bien almidonado, abierto y pegado, un cuello de luchuguilla". Ainda observa Rodríguez Marín em outra nota: "Aun el escarolar las lechuguillas parecía caro á las gentes morigeradas, cuanto más el apanalar los cuellos, abriéndolos con molde". Quis Rodríguez Marín dizer que se uma pequena gola escarolada (*lechuguilla*), aquela que comumente se vê nos retratos de El Greco, era cara para as pessoas de recursos médios, quanto mais *apanalar* (acanalar, franzir) os *cuellos* (golas) que definem as *gorgueras* ou *gran-golas*, isto é, os mantéus encanudados azuis (a goma já era azul, tingindo dessa cor os tecidos), reservados aos nobres e ricos pelo seu elevado custo.

O marquês de Lozoya, no texto introdutório da edição espanhola do livro de Max von Boehn, *La Moda*, conta que nos primeiros anos do século XVII desencadeou-se na Espanha uma ampla campanha de austeridade, em razão de o país estar indo à bancarrota. Muitos culpavam o excessivo luxo das vestimentas caríssimas. Principalmente culpavam-se as grandes golas engomadas de ser as responsáveis pela decadência espanhola. Quem as usava era acusado de pouco patriota, porque na produção desses mantéus aplicavam-se produtos importados e, de herege, porque era da Holanda protestante que vinha o amido com que se engomavam essas golas. Dom Rodrigo Calderón, influente figura do reinado de Filipe III, era conhecido pelos enormes *cuellos* que usava, golas então condenadas como supérfluas. Dom Rodrigo del Corral, membro do Conselho, em 1619 contestou e desaprovou o uso dessas golas por dom Rodrigo e o aconselhou "que moderasse a superfluidade de luxo e traje pois que uma gola custava cem reais e dez ou doze reais só de amido por semana, ocupando-se dessa tarefa tão indecorosa, mais de vinte mil homens e mulheres, num reino tão pobre de gente".

A moda, até bem recentemente, exigia camisa de colarinho, peito e punhos engomados, inclusive destacáveis, isto para facilitar o trabalho das engomadeiras, partes da camisa que ficavam à mostra sob o casaco ou paletó. Os ferros a carvão e de outras categorias anteriores à eletricidade jamais conseguiram alisar os tecidos de forma a eliminar inteiramente aquele microamarrotado característico da roupa lavada. A solução era a goma que não só alisava, armando ou polindo, como mantinha a melhor aparência da roupa por mais tempo.

Registra o *Diccionario Ilustrado Hispanoamericano*, edição da última década do século XIX:

"[...] quando se deseja rigidez, como acontece com punhos, colarinhos, etc., é necessário engomá-la (*a peça*) e para isso se começa por diluir em um pouco de água limpa, proporcional à quantidade de roupa que se quer engomar, um pouco de amido (o chamado *canutillo* é o preferido), em proporção variável com a consistência que se quer dar à roupa, mas sempre em pequena quantidade, cuidando para que esteja bem diluído, mexendo constantemente para que não precipite nem forme grumos que ficariam emplastados nas roupas; coloca-se somente a parte que se quer engomar nesta mistura, retira-se e aperta-se bem a parte molhada, envolvendo-a em um pano branco. Para dar brilho maior do que aquele que se pode obter simplesmente com o ferro, acrescenta-se, ao amido já preparado, um pouco de bórax e ainda o brilho será maior se se junta um pouco de espuma bem limpa de sabão; também se pode empregar, em lugar de amido diluído a frio, o produto que se forma com a sua dissolução em água quente, com que se obtém uma água glutinosa que se passa em peneira e, então, se molha a roupa com a água assim preparada, antes que esfrie. Outro meio de dar brilho ao amido é agregar, à dissolução, alúmen em água, cuidando para que o alúmen seja branco e não azulado, pois este tem substâncias estranhas que poderão prejudicar, e, no caso de querer que a roupa adquira esse branco ligeiramente azulado, se dissolve na água de amido um pedaço bem pequeno de anil que existe no comércio, em forma de pequenas bolas destinadas a este uso, que se colocam em uma boneca de pano, dentro do amido diluído.

Também se empregam *brillantinas*, das quais vamos indicar algumas fórmulas:

1ª – Em um litro de água põem-se 25 gramas de bórax e outro tanto de ácido esteárico, que pode ser substituído por um pouco de espermacete de uma boa vela, que represente aquele peso; esquenta-se até que o espermacete se funda, procurando mexer bem a massa.

2ª – Põe-se a ferver um litro de amido preparado como antes descrevemos e, quando está fervendo, se agregam 20 gramas de estearina ou, na falta desta, de ácido esteárico.
3ª – Em um litro de água põem-se 40 gramas de estearina, outro tanto de goma do Senegal e 100 de glicerina, levando a mistura ao fogo para facilitar a dissolução e a união. Uma colherada, do tamanho das de sopa, deste preparado, basta para um quarto de litro de uma solução sólida de amido.
A passagem da roupa deve ser sobre um almofadado duro, que se obtém cobrindo a tábua da mesa com uma manta (cobertor) comum dobrada duas ou três vezes e bem estendida e, em cima, um lençol ou um pano qualquer de algodão ou de linho; o ferro deve ter tal temperatura que uma gota de água sobre sua base se evapore rapidamente, mas sem cair ao chão, neste caso está muito quente e pode queimar a roupa e, se não evapora, está muito frio e só serve para manchar a roupa; a parte da roupa com amido deve estar úmida e, se assim não estiver, põe-se em cima um pano molhado mas não encharcado, passando-se sobre ele. Deve-se levar o ferro com a ponta para a frente no sentido dos fios do tecido, nunca em viés ou em diagonal, porque deforma a peça que se passa; o brilho obtém-se apertando com o ferro bastante quente e de ponta, e, caso surjam manchas, elas são retiradas com uma boneca de pano molhada ligeiramente na água, passando-se depois, por cima, outra molhada de amido; é conveniente muitas vezes o emprego de um pedaço de flanela branca por baixo do tecido a ser engomado.
Geralmente passa-se a roupa pelo lado direito, mas, em certos tecidos, é necessário proceder-se ao contrário, passando-se pelo avesso e, em outros, mais delicados, só com o auxílio de um pano que separe o ferro da peça que se está passando".

A *Enciclopedia Universal Ilustrada Europeoamericana* (Espasa-Calpe) também dá sua receita, em volumes para fins profissionais:

"Denomina-se *amido refinado* uma mistura preparada com 120 kg de amido em pasta, 5 kg de espermacete de baleia, em pó, 5 kg de glicerina, 9 kg de borato sódico dissolvidos em 30 litros de água e 3 kg de dextrina em dissolução com 10 litros de água e dessecada da maneira conhecida. Com o uso desta mistura (para os cuidados e a passagem de roupa) parece que aumenta o brilho do tecido. O *amido para brilho* é uma mistura de amido com 6 ou 7% de ácido esteárico que, cozido em água, se converte numa espécie de mucilagem com a qual se impregna a roupa destinada à passagem; deste modo a passagem resulta mais fácil e a roupa com mais brilho. O brilho do amido deve-se ao ácido esteárico. Recomenda-se, também, com o mesmo fim, a cera e o bórax, mas o sucesso depende em grande parte da habilidade de cada um".
Para a limpeza da base do ferro quente, é recomendado o uso de cera virgem de abelha que deve ser friccionada com um pano seco, até a superfície tratada ganhar brilho de novo, livre da sujeira ou da goma aderida; na falta de cera, usar vela e valer-se de igual procedimento.
Já consta, a partir do final do século XIX, dos projetos arquitetônicos de casas da classe média alta e das mais abastadas, um compartimento especial para o uso do ferro, identificado nas plantas com a expressão *engomar*.

6. Se a goma e a idéia de engomar as roupas foram levadas à Europa pelos mouros à época da dominação da península Ibérica (711 a 1492) ou pelos Cruzados, como presentes às suas mulheres, trazidas do Oriente Próximo e Médio talvez já no século XII (início do plissado na França), entre perfumes, tapetes e especiarias, foram, a goma e a idéia de engomar, *reintroduzidas* na Europa no século XVI, via Holanda, aplicadas especialmente nos mantéus que marcaram época.

Mantéu ou *mantéo* (do latim *mantelum*), como registra o *Dicionário* de Morais, é "peça de adornar o pescoço, de várias feições, enrocado, desfiado, de abanos, à Balona, etc. nos retratos antigos até o d'el-rei D. Sebastião se vêem os taes mantéus".

Enrocado quer dizer *pregueado*. Morais no verbete *enrocar,* esclarece: "Fazer pregas, que se usavam antigamente nos mantéus, ou voltas do pescoço". Bluteau não registra o verbo *enrocar*, mas diz de *mantéu*: "Espécie de volta, pegado no colarinho da camisa". Sobre *mantéu enrocado*, em seu *Vocabulário* apenas informa que é "como aqueles que antigamente se usavam", mas não o descreve.

Caldas Aulete diz de *mantéu*: "Colarinho largo, com abas pendentes sobre o peito ou encanudado que antigamente se usava". No *Dicionário* de Aurélio está: "colarinho encanudado [...]" e, quanto a *enrocar*, diz que é guarnecer os vestidos de rocas, que se colocavam ao comprido das mangas dos vestidos, e que deixavam entrever o tecido sobre o qual se assentavam. Esta informação não coincide com nenhuma outra disponível. Aulete informa: "Enrocar – guarnecer de rocas ou pregas (os vestidos), encanudar".

Quanto à expressão *balona*, Caldas Aulete registra: "Mantéu à balona, ornato do pescoço, de lençaria e liso, assim chamado em contraposição aos mantéus de *rosca* (Aulete não escreve *roca*), que eram crespos". Aurélio não consigna a palavra *balona*.

Morais ensina que *balona* vem do hesp. *valona;* do flam. *wallon,* que significa *flamengo*. E explica:

"Era o collar da camisa pendendo sobre os hombros, e mais ainda sobre o peito, como hoje trazem as creanças. Mantéus á balona; ornato de lençaria do pescoço liso, como as balonas, em contraposição aos mantéus de roca, que eram crespos, como o que de ordinário se pinta nos retratos d'el-rei D. Sebastião, ou outro de aquelle tempo".

(Dom Sebastião, que sucedeu seu avô dom João III, nasceu em Lisboa no ano de 1554 e morreu no Norte da África, no transcurso da batalha de Alcácer-Quibir em 1578, em luta contra os mouros que o rei português queria exterminar.)

O *mantéu enrocado* (com rocas), também chamado *volta do pescoço* ou simplesmente *volta* como registra Bluteau, é um tipo de gola de tecidos finos pregueados (também ditos *encanudados* ou *de roscas*), formando desenhos simétricos mantidos armados à custa de goma. Estas golas circulares, que desconfortavelmente afogavam os pescoços, bastante usadas pela nobreza européia desde meados do século XVI, tinham dimensões variadas, desde as de tamanhos discretos até as enormes, chegando a sessenta centímetros de diâmetro, como as que usava a rainha Elisabete I da Inglaterra. Gastavam-se de dezesseis a dezessete metros de tecido fino para a confecção de uma gola.

A origem do mantéu enrocado ou encanudado é controvertida. Há quem fale de raízes italianas, como a enciclopédia *Larousse du XX*^{e} *siècle* e a pesquisadora francesa Madeleine Louys, e há quem defenda as origens espanholas, a exemplo dos ingleses Anderson Black e Madge Garland, da italiana Mila Contini e ainda do estudioso alemão Max von Boehn. Mas o mantéu pode ter sido inspirado em certa gola alta indiana e cingalesa, hipótese apresentada por François Boucher em *Histoire du costume*, mantida ereta pela *água de arroz* (amido, portanto, que enrijece os tecidos). Esta gola indiana visava a proteger as roupas dos cabelos oleosos. A água de arroz já era conhecida na Índia (e certamente na China) em tempos anteriores ao nascimento de Cristo. Seu uso foi mesmo mencionado no *Livro de Leis Manu* (ou *Manava Darma Sastra*), datado de muitos séculos antes do início da Era Cristã, que se trata de um códice de leis religiosas, morais e sociais, atribuído a Manu Svaiambuva, filho de Svaiambu (o criador, Brama).

Na França a gola indiana foi conhecida por *fraise*; na Espanha por *cuello, gorguera* ou *gran-gola*, popularmente chamada de *cuello de muela* ou de *rueda de molino*; na Inglaterra por *ruff* (*cart wheel ruff*) e, na Itália, por *gorgiera*.

Tanto essa gola quanto a água de arroz teriam sido trazidas da Índia por um viajante holandês que as introduziu em seu país na metade do século XVI, passando daqui para a Espanha, França, Itália e Inglaterra, onde o mantéu já era usado desde 1564. Aliás, a rainha Elisabete I da Inglaterra contratou um holandês para engomar seus mantéus. Na Holanda esta gola é chamada de *geplooide halskraag*.

As *fraises* foram adotadas na França por Henrique III em 1578, feitas de musselina engomada. Daí por diante seu uso se tornou generalizado até princípios do século XVIII, tanto nas vestimentas masculinas como nas femininas, mas já, assimétricas, sem goma, e de modo displicente, caindo sobre os ombros, como Henrique IV chegou a usar. Esta última forma que a *fraise* ganhou na França ficou conhecida por *fraise à la confusion*.

O mantéu, sem dúvida um bizarro complemento da moda quinhentista, em média com 25 cm de diâmetro, foi classificado de monstruoso pelo puritano e panfletário inglês Philip Stubbs em *Anatomy of Abuses*. Este livro é de 1583, portanto, contemporâneo dessa estranha peça do vestuário de homens e mulheres.

Philip Stubbs (ou Phillip Stubbes), nascido por volta de 1555 e morto talvez em 1610, foi incansável propagandista de um sistema de vida pura e de severa devoção, idéias que deixou registradas em várias publicações. *Anatomy of Abuses* foi seu livro mais divulgado, graças aos ataques contundentes aos hábitos ingleses em relação a vestimentas, bebidas, alimentação, jogos e, em especial, sexo. Este trabalho de Stubbs foi reeditado em 1877 por Frederick J. Furnivall, em Londres, sob o título *Phillip Stubbes's Anatomy of Abuses in England in Shakspere's Youth.*

Stubbs descreve em detalhes os mantéus e faz alguns comentários:

"Usam (homens e mulheres) mantéus engomados, grandes e monstruosos, confeccionados com os mais finos tecidos. A circunferência externa do mantéu distancia-se do pescoço cerca de 1/4 de jarda. Se acontecer de a pessoa que usa o mantéu ser surpreendida por uma chuva forte, antes que possa se abrigar, essa imensa gola amolece e é agitada pelo vento como trapo ou como pás de moinho. Existe um certo produto líquido chamado amido, no qual o diabo ensinou a mergulhar essas golas, de modo que, quando estão secas, ficam rígidas e firmes no pescoço".

Quanto aos suportes que vão por baixo dos mantéus para ampará-los, diz:

"Trata-se de um acessório formado de fios metálicos entrelaçados com fios de ouro, prata, seda. É colocado em volta do pescoço sob o mantéu encrespado, de modo a sustentar o volume de tecido. Esse acessório é sempre necessário e, freqüentemente, mais de um, dois ou três. Os tecidos finos que fazem os mantéus, que se compram com muito dinheiro, se completam com os laços que amarram, feitos de prata, de ouro ou outros materiais de alto custo. Tenham ou não meios para obter esta gola, de modo nenhum alguém renuncia a ela. Muitos são capazes até de vender ou hipotecar propriedades em Suther'Hill, Stangate Hole e Salisbury, perdendo seus rendimentos, tudo isso para poder ostentar tais monstruosidades".

Na Inglaterra, esses suportes eram chamados de *underproper* ou *supportasse*. Na Itália eram conhecidos por *puntello* ou *soprattassa*.
Para o Brasil é possível que os holandeses, com a conquista do Nordeste, tenham trazido em sua bagagem algumas *geplooide halskraagen*, inclusive seus competentes ferros, moda entretanto absolutamente incompatível com o nosso clima tropical.
A título de curiosidade vale a pena registrar que Cristóvão Colombo, vestindo um mantéu, foi retratado pelo artista belga Theodorus (Dirk) de Bry (1528-1592) que gravou em metal a cena do primeiro contato do navegador com os índios. A gravura data de 1590, ano em que os mantéus estavam em pleno uso, mas que não existiam quando Colombo fez a sua grande descoberta.

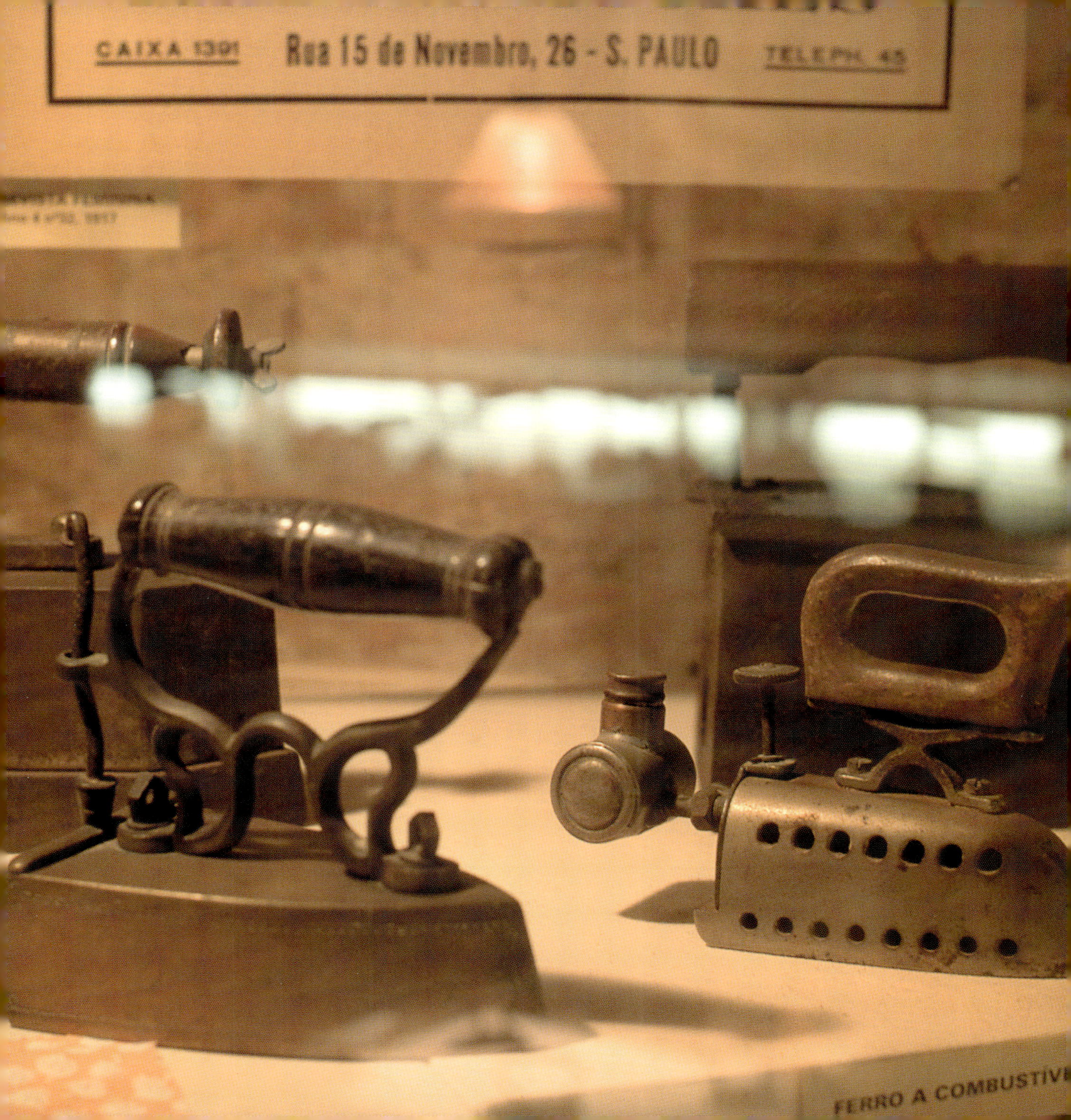
CAIXA 1391
Rua 15 de Novembro, 26 - S. PAULO
TELEPH. 45
FERRO A COMBUSTÍVE

Ferros na Arte

Carlos Scliar. Técnica: vinil e colagem. (acima e esquerda)

Newton Mesquita. Técnica: acrílico sobre tela. (página oposta)

II

As Categorias

Ferros de Estufa

Os ferros com esquentamento indireto passaram a ser conhecidos por *ferros de estufa* (ou *ferros maciços*), pois eram esquentados sobre estufas, alimentadas por carvão em brasa. Existem estufas próprias e especiais para esquentar ferros, espécies de fogareiro sobre cuja trempe em plano vertical, inclinado ou horizontal, são colocados vários ferros. À medida que um é usado, os demais permanecem esquentando. Assim, rotativamente, todos os ferros vão sendo utilizados. As estufas podem comportar de quatro a doze ferros. A chapa do fogão a lenha e a lareira também são recursos para o esquentamento desses ferros.

Os ferros de estufa, como os demais de outras categorias, foram produzidos para fins domésticos e para fins profissionais. Os domésticos, de porte e peso menores, foram fabricados em geral numerados de 1 a número indeterminado, definindo o tamanho da peça, mas sem rígida relação com dimensão e peso. Os ferros mais usuais levavam os números *4* ou *5*. Pela quantidade de exemplares que restaram de tempos passados, acreditamos que os de número *4* tenham tido a preferência das donas-de-casa e das passadeiras. Os ferros de número *4* medem aproximadamente 14 cm de comprimento por 8 cm de largura e 1,5 cm de espessura (altura da base), variando, pouco mais, pouco menos, de fabricante para fabricante. Produziram-se também ferros cujos números traduziam seus próprios comprimentos. Assim, um ferro de número *17* tinha

17 cm de trás para a frente. Esses ferros de estufa foram fabricados no Brasil, mas é considerável o número de peças importadas, especialmente de procedência inglesa.

Os ferros de estufa foram ainda produzidos no início do século XX, até cerca de 1930, como se pode ver no catálogo deste ano da Fletcher Hardware Co Ltd de Birmingham, Inglaterra, concorrendo com os ferros elétricos.

A Sears, Roebbuck, nos Estados Unidos, comercializava largamente esses ferros, inclusive em conjuntos que incluíam três unidades com um só cabo de madeira (destacável) que se adaptava a todos, mesmo de tamanhos diferentes, graças a um dispositivo especial de acoplamento. Estes ferros foram inventados em 1871 por Mrs. Mary Potts e foram conhecidos por *Mrs. Potts' sad iron.*

Esses conjuntos se constituíam de um ferro com base arredondada (para polir), pesando cerca de 1800 g (quatro *pounds*); dois ferros comuns (planos) pesando, cada um, cerca de 2400 g; um cabo de madeira, destacável, com adaptador de ferro forjado (inquebrável, *a menos que caia no chão*) e, finalmente, um *descanso* (*stand*).

Esses ferros podiam ter base polida ou niquelada. Os polidos eram mais baratos, custando o mesmo conjunto, em 1902, 67 centavos de dólar e, os niquelados, cujo preço subia para 73 centavos de dólar.

Um cabo avulso com adaptador de ferro forjado custava quinze centavos de dólar e com adaptador de ferro fundido era bem mais barato, apenas cinco centavos de dólar.

A Sears, Roebuck ainda vendia, em caprichados estojos de madeira envernizada, um conjunto formado por cinco ferros de estufa niquelados: um ferro para polir (engomar), isto é, com todas as suas bordas arredondadas, pesando mais ou menos 1400 g; um ferro para criança, pesando aproximadamente 850 g e mais três ferros comuns de passar, de tamanhos diferentes. O estojo completo era vendido, em 1902, por 2 dólares e 83 centavos de dólar.

Os ferros de estufa foram também produzidos com formas próprias para se passar mangas e pregas, longos e afilados, e para alisar abas de chapéu, estreitos e curvos. Normalmente, os ferros eram triangulares (conhecidos como *ingleses* ou *americanos*), mas há também os de ponta arredondada e lados paralelos (chamados na França de *fers polonais*) e aqueles com duas pontas ou ovais, tidos por *belgas*.

Os ferros de categoria profissional, usados pelos alfaiates (na França, o pesado *fer de tailleur* foi chamado de *carreau*) eram bem maiores e mais pesados do que os domésticos, chegando mesmo a 10 kg ou até mais. O peso, é evidente, tinha o fim de compensar o pouco calor que esses ferros de estufa guardavam durante a operação de passar.

Em 1914, o chefe do Serviço Municipal de Gás de Amsterdã, citado pela revista *Announcer*, recomendava o uso de ferro bem pesado. Disse: "Use um ferro bem pesado, pois ele retém calor por mais tempo e não exige tanta força e o trabalho se torna menos cansativo".

As grossas casimiras ou lãs que faziam os ternos de nossos avós eram na verdade mal passadas, apenas desenrugadas, mais por força do grande peso dos ferros que não conseguiam, apesar disso, fazer vinco (foi comum as calças dormirem sob o colchão, aproveitando o peso do corpo durante a noite). Observem-se antigas fotos que deixam visíveis as calças de pernas arredondadas. Também os vestidos complicados de outras épocas primavam pelo amarfanhado.

Na *Enciclopédia* de Diderot (1751) lê-se a descrição das fases de produção dos ferros de estufa:

"Ferro de passar é instrumento de que se servem as lavadeiras e outros profissionais, para alisar a superfície dos tecidos, das rendas, dos estofos e lhes dar consistência ao sair da lavagem. O ferro de passar é quadrado atrás e arredondado na frente; seu comprimento é o dobro da largura; sua espessura é ordinariamente de *quatre lignes* [1 *ligne* corresponde a 0,226 cm] variando segundo o tamanho do ferro; sua face deve ser polida. Na parte oposta a esta face fica um cabo também de ferro, soldado à base. Há ferros de passar para chapeleiros; não diferem dos precedentes a não ser na espessura que é de *un pouce* [1 *pouce* corresponde a 12 *lignes* ou a 2,7 cm)e são quase tão largos quanto compridos, mas sempre redondos na frente. Para fazer um ferro de passar, o ferreiro toma uma barra chata de ferro para fazer a base. Uma vez pronta a base, faz o ângulo da frente e o arredonda, e em seguida torneia o cabo. O cabo é vazado para que não esquente muito com o calor; depois, são torneados os suportes do cabo. O cabo é normalmente do comprimento do ferro e a ele é soldado na frente e atrás".

Os cabos desses ferros de estufa, os domésticos e os profissionais, eram sempre de ferro, e obrigavam quem os manuseasse a empunhá-los com o auxílio de um pano grosso e úmido ou com pegadores especiais de asbestos, revestidos de feltro, para a proteção das mãos, pegadores que a Sears, Roebuck comercializava por cinco centavos de dólar em 1902, e que mediam 14,5 x 14,5 cm.

(O isolamento do cabo foi certamente uma preocupação dos fabricantes, que os levou mais tarde ao emprego da madeira, material mau condutor de calor. O cabo de madeira, usado desde tempos bem remotos, chegou até nossos dias, alcançando a era da eletricidade. A madeira, embora ainda bastante usada, hoje está sendo substituída, na maioria das indústrias de ferros, por materiais sintéticos.)

Ferros Ocos ou de Caixa

A segunda categoria de ferros de passar se caracteriza pela fonte interna de calor, e os ferros são necessariamente ocos. Apesar de mais recentes que os de fonte externa de calor, paralelamente ambos varam os séculos sem predomínio de um sobre o outro, cada espécie usada segundo as conveniências ou as disponibilidades.

O ferro a cunha (de ferro, bronze, latão, cobre e até de prata) utiliza-se de uma cunha ou lingüeta de ferro ou de pedra que, esquentada, é introduzida no seu interior. Essa cunha é dotada de um orifício que permite o uso de um gancho para a sua colocação ou retirada, ou ainda de ranhuras laterais que permitem esse manuseio por meio de tenazes. Já com cabos de madeira (alguns ainda têm cabos de ferro) os ferros a cunha são, podemos dizer, contemporâneos dos ferros a carvão e, sobre estes, guardam algumas vantagens. Além de não produzir fumaça, os ferros a cunha são menores, mais leves, de operação mais simples e mais limpa: a cunha rubra é utilizada até que esfrie, quando é substituída por outra. O carvão, por sua vez, produz cinzas e, além de exigir limpezas constantes, solta fagulhas que podem queimar a roupa. Entretanto, as aparentes vantagens dos ferros a cunha são basicamente prejudicadas por seu preço bem mais elevado, o que fez com que os ferros a carvão, conhecidos por *econômicos*, tivessem preferência, sendo ainda hoje produzidos e usados, enquanto dos ferros a cunha não se tem mais notícias de sua fabricação no Brasil.

Além do bronze, material comum nos ferros a cunha, também era utilizado o ferro niquelado (a galvanoplastia é técnica que vem de 1790), revestimento não muito duradouro, cujos vestígios ainda se percebem em antigas peças.

O isolamento do calor, para a proteção das mãos, mesmo depois da descoberta das vantagens dos cabos de madeira, continuou a preocupar os fabricantes. Produziram-se ferros com paredes metálicas duplas que encerravam entre elas uma camada de asbestos. Usaram-se também placas externas desse material, entre o corpo do ferro e o cabo, visando a barrar o calor ascendente, em direção à mão.

Os ferros a carvão tiveram grande presença nos últimos séculos, e se conhecem exemplares que vão dos modelos mais simples aos mais sofisticados que ostentam, muitos deles, ricos elementos decorativos. Diz a revista *Announcer* antes citada: "Os ferros de Flandres, na Bélgica, são muito bonitos, bem decorados, com pares de namorados, feiticeiras, anjos e desenhos florais. Em alguns, freqüentemente presenteados em casamentos, eram gravadas as iniciais dos proprietários".

Os ferros a carvão também são numerados de 0 (zero), o menor, para crianças, com cerca de 10 cm de comprimento, até números por volta de 10, segundo critérios de cada fabricante. Os números mais altos já se destinam a fins profissionais. Eles têm desenhos próprios e peculiares, em função da fonte de calor.

Os ferros a carvão sem pescoço, necessariamente dotados de aberturas laterais e traseira chamadas *furos* (os de sete *furos* são os mais comuns hoje em dia, ainda fabricados), para a indispensável ventilação, são anteriores aos ferros com pescoço, apêndice ganho na metade do século XIX. Os furos, na Europa, são chamados *olhos*.

Por ser mais antigos, os ferros a carvão sem pescoço foram já produzidos em períodos em que os requisitos decorativos imperavam, tais como emblemas da nobreza, corpo lavrado, suporte e cabos torneados e engalanados com elementos da flora e da fauna, segundo os modismos de cada século.

Os ferros a carvão dotados de pescoço são providos de orifício traseiro vedado por pequena tampa presa em um de seus pontos que, movimentada, regula a abertura, funcionando como registro de entrada de ar. Este orifício serve também para periódicos assoprões pela passadeira.

O carvão é colocado abrindo-se a parte superior da tampa em que está fixado o cabo. As tampas dos ferros a carvão fecham-se das mais variadas maneiras: dobradiça, charneira, encaixe, presilha, gancho, mola etc. Nos ferros a carvão com chaminé são mais comuns os pescoços redondos e curvos, com a boca voltada para a frente. Mas há inúmeras variações:

pescoço com seção quadrada ou oval; pescoço com abertura imitando boca de animal; pescoço atrás; dois pescoços, um na frente e outro atrás; pescoço vertical e pescoço voltado para a esquerda ou para a direita, o que não é indiferente (o *Diccionario Enciclopédico Hispanoamericano*, no verbete *plancha*, diz: "No es indiferente la inclinación de la chimenea, y se llama de *izquierdas* o *derechas*, para adaptarlas a la mano con que se plancha; las de *frente* sirven para ambas manos, pues debe tenerse presente que, saliendo por la chimenea los gases de la conbustión, aquélla no debe mirar al rostro, porque en seguida se produciría el atufamiento en él que la maneja") etc.

Há ferros que permitem adaptação de chaminé acessória. A Holanda tem grande tradição na produção de ferros, e é característico desse país o ferro de turfa de Groningen, que se destaca pela chaminé acoplada para levar à distância a fumaça intensa produzida. O sistema dos ferros a carvão mineral (coque), com chaminé que leva a fumaça para longe, ficou conhecido pelo nome *Chambón-Lacroisade*, famosa marca de ferros e também de estufas (*fourneau de blanchisseuse*, em francês) para ferros maciços.

As brasas são avivadas com movimentos típicos de vaivém dos braços das passadeiras que seguram o ferro pelo cabo e o agitam no ar, para a frente e para trás. É comum essas passadeiras repousarem o ferro sobre o parapeito da janela, com a parte traseira voltada para fora e o registro de ar aberto, a fim de apanhar a brisa que sopra e assim oxigenar as brasas. Essa posição do ferro gerou um dito popular antigo: "só ferro fica de bunda pra janela".

Os ferros a carvão são em geral produzidos de ferro, mas há os de bronze, fabricados em bom número em tempos passados. São mais raros os de cobre. Há até os de cerâmica vidrada (Langnau, Suíça).

O espanhol chama de *ferro a vapor* (*plancha de vapor*) o nosso conhecido ferro a carvão. Entre nós, modernamente chamamos de *ferro a vapor* o modelo elétrico provido de dispositivo para entrada de água e pequenos orifícios na base para a saída do vapor destinado a umedecer a roupa que está sendo passada.

A Loja Oliveira, de Mário Dias Brandão, à rua Guindaste dos Padres, 26, em Salvador, Bahia, anunciava no *Almanak Laemmert*, de 1913, "ferros a vapor e de aço e ferros a vapor para alfaiates". Apesar de, em 1913, já ser realidade o ferro elétrico, esses *ferros a vapor* não eram dessa categoria, porque... só surgiram na década de 1940. É certo que se trate de ferros a carvão, e "ferros a vapor" constitui um *espanholismo* que não vimos em nenhuma outra referência a essa classe de ferros de passar. Os *ferros de aço*, citados no mesmo anúncio, com certeza querem dizer ferros maciços de estufa.

Ferro a Carvão

Para passar, de bronze, com inscrições e desenhos, modelo cassolete, *procedência chinesa: diâmetro de 10,50 cm.*

Existem hoje no Brasil talvez não mais do que cinco fábricas que produzem ferros a carvão. Uma delas é a Alfredo Villanova, fundada em 1918 em São Paulo, capital, que põe no mercado os ferros de marca *Fama*, com fundição em Indaiatuba, município paulista próximo da capital. O fundador, sr. Alfredo Villanova, já falecido (hoje a indústria é dirigida por filhos e netos do fundador), iniciou-se no ramo de tornearia de madeira, produzindo principalmente cabos de guarda-chuva, bengalas, piões, maçanetas, cabos de ferramentas e de ferros de passar.

O início da fabricação dos ferros *Fama* data de 1925, com a produção de dois tipos, com e sem pescoço (este conhecido por *suíço*), linha que ainda é mantida, isto é, ferro suíço de sete furos e com pescoço de números *3* e *4*.

Apesar da grande expansão da energia elétrica, atualmente, no país e do incremento da indústria de ferros elétricos (a própria Alfredo Villanova iniciou por volta de 1958 a fabricação de ferros elétricos), a demanda de ferros a carvão cresceu, segundo depoimento (em 1983) do sr. Valério Zoncada, gerente de vendas da indústria: "Os ferros de sete furos", diz, "pesando 3 kg e medindo a base 97 x 195 mm, são comercializados quase que exclusivamente nos Estados de São Paulo, Paraná, Santa Catarina e Rio Grande do Sul, talvez pela maior influência européia. Os ferros com chaminé (pescoço), de números 3 e 4, pesando respectivamente 3 e 3,3 kg, medindo 100 x 156 mm e 106 x 170 mm, são preferidos nos Estados do Rio de Janeiro, Espírito Santo, em todo o Nordeste e Norte do país".

Valério Zoncada prossegue: "Os ferros de engomar encontrados no comércio em São Paulo e em outros Estados, às vezes em magazines e supermercados, podem dar a falsa impressão de que estariam sendo comercializados para fins de decoração, o que não é verdade, segundo pesquisa que fizemos. Na realidade, a maioria, salvo pequenas quantidades, é mesmo destinada à tarefa de passar roupas. Nossa produção e vendas atuais (junho de 1983) estão entre doze e treze mil unidades mensais. No Brasil acreditamos existirem mais duas fábricas de médio porte, entre elas a dos ferros marca *Tamoio*, fabricados também em Indaiatuba e três de porte pequeno em Minas Gerais, em Divinópolis (ferros *Dama*) e em Pará de Minas. Ferros famosos como *Estrela* (Estado do Rio) e *Mimoso* (Estado de São Paulo), não são mais fabricados.

Há quase três décadas, quando iniciamos a produção de ferros elétricos, tínhamos a impressão de que estes terminariam com os ferros a carvão, mas a realidade contrariou nossas expectativas. Além do mercado interno brasileiro, exportamos ferros a carvão para o Peru, Chile, República Dominicana, Colômbia, Venezuela, Paraguai, Bolívia e África do Sul. Nossos concorrentes no exterior são fábricas coreanas, checoslovacas e iugoslavas".

Ferros a Combustível

Na segunda metade do século XIX surgem *técnicas avançadas* que permitem a aplicação nos ferros de passar de combustíveis novos: álcool, metaldeído, querosene, acetileno, gás e até... água quente, tentando conquistar uma fatia do mercado consumidor, secularmente em poder dos ferros de estufa, a carvão e a cunha.

Os ferros a gás, alimentados por meio de tubos flexíveis que os ligam ao bico fornecedor, são uma idéia antiga. Em 1850 já existiam nos Estados Unidos e na Europa, obedecendo aos mesmos princípios dos congêneres atuais que ainda se fabricam.

Essa foi mais uma tentativa de libertar a mulher do desconfortante calor irradiado pelos fogões ou estufas necessários, até então, para esquentar os ferros. Esses ferros, de estufa e a carvão, e, ainda, aqueles a cunha, além do grande incômodo causado às passadeiras ou engomadeiras, tinham a agravante de exigir enorme mão-de-obra, a fim de manter o seu calor que, obviamente, não era contínuo.

Siegfried Giedion em *Mechanization Takes Command* pergunta:

"Como transformar o passar roupas em um processo contínuo?". O próprio pesquisador dá a resposta óbvia: "Só mediante uma fonte de calor contínuo dentro do ferro". Ainda acrescenta: "Uma propaganda ('Lithgow's Patent, gas-heating Smoothing Iron, for tailors, hatters and family use') mostra como em 1850 se tentou utilizar o gás como fonte constante de calor. Um tubo de borracha comunicava diretamente o ferro a gás com a saída no teto". Esta peça publicitária norte-americana informava aos consumidores: "Uma economia de tempo e trabalho já que, uma vez esquentado o ferro, o processo de passar pode seguir indefinidamente".

O ferro a gás foi introduzido no Brasil, em 1868, pelo francês Léger Palmer, que solicitou do governo autorização para comercializá-lo entre nós.

Na Sociedade Auxiliadora da Indústria Nacional, cujo conselho administrativo reuniu-se em 1° de abril de 1868, sob a presidência do conselheiro de Estado José Maria da Silva Paranhos, com a presença do imperador dom Pedro II, foi discutida a proposição de Léger Palmer que requereu ao governo imperial o privilégio de vender, por um período de dez anos, ferros de engomar a gás.

O pedido foi aprovado depois de discutido em assembléia e ouvidos os conselheiros. O parecer emitido pelos membros da Seção de Máquinas e Aparelhos da dita Sociedade vem assinado por André Rebouças (presidente), Antônio de Paula Freitas (secretário), Guilherme van Vlech Lindgerwood e Norberto Augusto Lopes. O parecer na sua íntegra é este:

"Vieram ultimamente estes papéis ao poder da Seção de Máquinas e Aparelhos da Sociedade Auxiliadora da Indústria Nacional, que cumpre agora o dever de interpor a tal respeito o seu parecer.

Antes de emitir juízo a respeito dos novos ferros de engomar, não só estudou cuidadosamente a Seção o desenho e as explicações que acompanharam a petição, como também assistiu a experiências feitas pelo próprio inventor.

À primeira vista parece de pequena importância um tal invento; refletindo-se, porém, que a pequena indústria de engomar roupas ocupa, nas grandes cidades, um grande número de fâmulos ou de pessoas menos abastadas, e que ao invento se acham ligados melhoramentos higiênicos importantes, se é logo levado, tanto por filantropia como por considerações econômicas, a dar a merecida atenção ao assunto.

Refere-se que em Paris a indústria de engomar é hoje exercida principalmente por homens, tendo-se reconhecido que morriam, pela mor parte tísicas, as mulheres que se davam a esse trabalho que exige por vezes grande esforço muscular, além de emanações deletérias de protóxido de carbono que saem dos ferros de engomar econômicos de fogareiro interior ou dos braseiros de aquecer os antigos ferros de engomar.

São presentemente usados no Rio de Janeiro três sortes de ferro, simples, que são aquecidos diretamente em fogareiros; os ferros de caixa ordinariamente feitos de metal amarelo e que são aquecidos pela introdução na caixa de uma lingüeta de ferro aquecida fortemente em um braseiro; e os ferros econômicos com fogareiro interior alimentado por meio de carvão de madeira.

Os ferros simples, quase exclusivamente empregados há alguns anos, têm vários inconvenientes; entre outros lembraremos: 1° Necessitarem de um fogareiro; 2° Gastarem muito carvão, sendo grande parte do calor produzido perdido inutilmente em aquecer o ar ambiente; 3° Perde-se muito tempo em aquecê-los; 4° Sujarem-se de carvão e enferrujarem-se sendo por isso necessário ter-se sempre muita cautela em limpá-los, o que ainda aumenta a perda de calor; 5° Exigirem grande esforço muscular da pessoa que engoma; 6° Necessitarem um pegador feito de pano e queimarem por vezes as engomadeiras.

Aos ferros de caixa, usados desde muito tempo concorrentemente com os ferros simples e especialmente para engomar roupas mais finas, só acusam de serem de elevado preço, quando de metal amarelo; e exigirem também um braseiro, bem que quase sempre se possa aquecer a lingüeta de ferro no fogão da cozinha; e de ocasionar por vezes acidentes graves na introdução da lingüeta em calor rubro no interior da caixa.

O metal amarelo azinhavra-se freqüentemente e a limpeza desses ferros de engomar exige o emprego do limão, cujo alto preço torna por vezes esse inconveniente grave.

Os ferros de engomar econômicos de fogareiro interior, vulgarmente conhecidos por maxambombas por terem aparecido no Rio de Janeiro no tempo em que a abertura da 1ª seção do caminho de ferro de D. Pedro II tinha posto esse nome em moda, economizam não só a aquisição de um fogareiro como também continuamente o gasto de combustível, aquecendo-se muito rapidamente, e mais pelo seu grande peso ajudam o trabalho de engomar.

Têm, porém, o inconveniente de colocar muito perto dos órgãos da respiração um braseiro do qual se desprendem continuamente dois gases impróprios à respiração, o ácido carbônico e o óxido de carbono.

É principalmente este inconveniente que pretende fazer desaparecer o sr. Léger Palmer com os novos ferros de engomar, aquecidos pelo gás de iluminação que queima no interior do ferro em orifícios abertos em um tubo recurvado em S. O gás passa de qualquer dos bicos de iluminar, que há no aposento em que se engoma, para o interior do ferro por meio de um tubo de borracha, do mesmo modo que nos lampeões portáteis de iluminar a gás, desde muito usados.

Subsistem, é verdade, ainda emanações dos gases e vapores resultantes da combustão de gás e dos produtos que não foram subtraídos no fabrico pelos depuradores; não são, porém, tão inconvenientes e sobretudo tão abundantes como na combustão do carvão de madeira.

Atendendo às conveniências da invenção, crê a Seção que pode ser concedido ao sr. Léger Palmer o privilégio por 10 anos para a venda de ferros de engomar, que pediu em seu requerimento de agosto de 1867 (Rio de Janeiro, 22 de fevereiro de 1868)".

Ferros Elétricos

Não obstante o ferro a gás ser dotado de calor contínuo, não foi ele o grande opositor do ferro elétrico. Em 1922, a Westinghouse ainda *brigava* era com os ferros de estufa e a carvão para poder introduzir seus modelos elétricos, uma realidade já nos primeiros anos deste século, à disposição dos usuários, mas sem a devida aceitação. A eletricidade era ainda muito recente[1] nas casas, quando havia, e com certeza assustava as pessoas, temerosas de descargas ou choques.

Siegfried Giedion, em seu livro já citado, diz que a Westinghouse em 1906, em uma série de anúncios em jornais norte-americanos, para familiarizar o público com as vantagens dos ferros elétricos, apelava para a fadiga da dona-de-casa que agora podia passar roupa ao ar livre, na varanda. Na legenda das ilustrações, Giedion diz: "Introdução dos ferros elétricos, 1909". E prossegue: "Todavia em 1909 se exigia uma vigorosa persuasão para convencer as pessoas das vantagens da passagem de roupas por meio da eletricidade". Uma série de anúncios da Westinghouse apelou para a compaixão dos homens e, às mulheres, perguntou: "Por que passar na sala destinada a esse fim? Por que não fazê-lo fora, onde se pode respirar ar fresco?".

Ainda em outra legenda, Giedion observa: "Passagem de roupa com ferro elétrico, 1911. A eletricidade tornou possível passar roupas ininterruptamente". A versão espanhola deste livro, edição de 1978, da Editora Gustavo Gili, ainda traz mais confusão, pois no texto da legenda já citada, possivelmente um erro de revisão, em vez de 1909 publica 1900.

Assim, não é possível saber se o ferro elétrico da Westinghouse é de 1900, 1906, 1909 ou 1911, informação que a Westinghouse fica a nos dever.

A revista francesa *Art & Décoration* afirma que o ferro elétrico nasceu em 1913. Mas, na verdade, esta é apenas a data do lançamento do primeiro ferro elétrico francês de uso doméstico, de marca *Calor*, cuja fabricação em série começou em 1917. A pesquisadora suíça Edy Aubry, de Lausanne, publicou em *Amifer 216* um artigo sobre o ferro elétrico. Nesse artigo ela informa que o primeiro pedido de patente do ferro elétrico foi nos Estados Unidos em 1882, mas não informa quem pediu. Diz também que, em 1895, os alemães pensaram na eletrificação do ferro de passar, e que, em 1904, a Suíça lançou um modelo elétrico. Antes, porém, em 1901, o catálogo de produtos industrializados do francês Armand Labre incluía o ferro elétrico, produzido, obviamente, já no final do século XIX. Em 1905 Fort & Cie de Paris anunciava também o seu ferro elétrico.

Em 1904, o norte-americano Earl Holmes Richardson lança o seu modelo de ferro elétrico que se tornou grande sucesso de vendas. Richardson fundou então a Pacific Electric Heating Co que passou a produzir os ferros marca *Hotpoint*. Em 1918, a Pacific foi absorvida pela General Electric que prosseguiu com a mesma marca *Hotpoint* até 1937.

Realmente a primeira patente de ferro elétrico coube ao norte-americano H. W. Seely, de Nova York que, mesmo antes de haver energia elétrica distribuída pelas residências, requereu patente de seu invento em 6 de junho de 1882. Alguns meses antes, foi requerida patente na Inglaterra para um ferro elétrico, porém o *inventor* não definiu o seu invento que, por isso mesmo, deixa de ter significado.

Na Europa, a primeira patente de ferro elétrico data de 1887, solicitada e obtida pelo francês Armand Labre.

Nos Estados Unidos, na Alemanha, na Áustria, na França, na Suíça, na Suécia e na Inglaterra surgiram muitos ferros elétricos e muitas patentes, cujos sistemas e materiais utilizados no esquentamento acabaram por não ser aprovados na prática. Apenas o esquentamento por meio de *resistência*, que ainda conhecemos, passou na prova do dia-a-dia. Estes ferros começaram a ser produzidos depois de 1890, mas só a partir dos primeiros anos do século XX é que os ferros elétricos passaram a existir comercialmente, coincidindo com a vulgarização das instalações elétricas nas casas, nos países industrializados.

Entretanto, pode-se dizer que a produção em série dos ferros elétricos é posterior à Primeira Guerra Mundial, a partir de 1917-1918.

É interessante observar que a introdução do ferro elétrico não foi pacífica. Houve resistência à sua aceitação, mesmo nos Estados Unidos, muitos anos depois de sua efetiva existência. Em 1922, como já vimos, ainda eram necessárias campanhas publicitárias que condenavam os antigos ferros e defendiam os elétricos. Siegfried Giedion cita anúncio da Westinghouse, daquele ano, sob o título *You and Your Laundry*, cujo texto alertava os maridos do verdadeiro suplício a que submetiam suas esposas, junto ao fogão ou à estufa, a passar roupa.

Nos primeiros anos do século XX, nos jornais de São Paulo, surgiram vários anúncios vendendo instalações elétricas e aparelhos domésticos acionados pela eletricidade. Mas, entre lâmpadas incandescentes, vibradores para massagem, panelas, aquecedores de água, fogareiros, ventiladores etc., não aparece o ferro de passar ou engomar elétrico, equipamento que faz seu *début* publicitário em 1914 nos anúncios da Casa Byington que oferecia "ferros de engomar Westinghouse de 1 1/2 kilo até 12 kilos".

Em 1915, A Illuminadora (Alberto Santos & C, à rua da Boa Vista, 36-A, tel.: 2315, São Paulo), anunciava que era "casa especial para installação electrica, fogões economicos a gaz, lenha ou kerozene, fogareiros, ventiladores, ferros electricos, geladeiras americanas". E ainda oferecia "officinas para concertos de motores, ferros electricos e outros objetos accionados pela electricidade".

No mesmo ano, no Rio de Janeiro também se divulgavam os ferros elétricos, como nos revela o anúncio da casa Aos Tres Braços, cujo texto, ainda respeitando ortografia e concordância, diz: "Importadores de artigos de illuminação e aquecimento a gaz, Alcool, electricidade, Gazolina e Kerozene. Grande officina para concertos de aparelhos electricos, lampeões, ferros, etc. Aluga-se lâmpadas para festas, trabalhos nocturnos etc. Rua Sete de Setembro, 161 (antigo 155). Rio".

Os ferros elétricos com termostato datam de 1927 (os primeiros são norte-americanos) e os a vapor são dos anos 1940 (os ferros a vapor *GE* surgiram em 1941).

1. O Rio de Janeiro, apesar de ter sido a sede da Corte, não teve o privilégio de ser a primeira cidade brasileira iluminada pelos meios elétricos. Mas foi em 1879, na então capital do Império que se acenderam as primeiras seis lâmpadas em nosso país, na Estação D. Pedro II, na presença do próprio imperador. O Rio passou a ter iluminação elétrica nas ruas, efetivamente, a partir de 1891. A cidade fluminense de Campos foi a primeira no Brasil (talvez na América Latina) a adotar luz elétrica pública, já em 1883, com energia gerada por máquina a vapor de 70 H.P. (potência de 52 kW) que acionava três dínamos para acender 39 lâmpadas.

Se bem que a cidade de São Paulo tenha tido uma usina termelétrica na Água Branca em 1889, só veio a ter iluminação elétrica eficiente a partir de 1901 com a inauguração da usina hidrelétrica de Santana do Parnaíba, com capacidade de 2000 kW.

A primeira usina hidrelétrica de que se tem notícia no Brasil foi a do Ribeirão do Inferno em Diamantina, Minas Gerais, construída em 1883. O aproveitamento do Ribeirão dos Macacos, também em Minas Gerais, foi em 1887 (referências em *L'or à Minas Geraes (Brésil)*, de Paul Ferrand). A usina hidrelétrica de Marmelos, em Juiz de Fora (ainda hoje em operação), foi construída em 1889, o mesmo ano em que se construía outra em Curitiba. Podemos considerar Marmelos o marco inicial da geração de energia hidrelétrica no Brasil, porque foi esta realmente a primeira grande obra nesse setor.

Não obstante as dificuldades de obtenção da energia elétrica por meio de dínamos movidos a máquinas a vapor, na segunda metade do século XIX, já havia por volta de 1880 o oferecimento ao consumidor de aparelhos elétricos, cujos anúncios surgem no *Almanak Administrativo, Mercantil e Industrial* fundado por Eduardo Laemmert. Aí, em 1881, podem-se ler ofertas de equipamentos elétricos, a exemplo dos anúncios da casa Ao Grande Mágico, à rua do Ouvidor, 107, e do seu concorrente e vizinho, Ao Rei dos Mágicos, à mesma rua, 116, no Rio de Janeiro. A loja Ao Grande Mágico, fundada por F. Rodde, tinha este *slogan*: "Esta casa é a primeira em eletricidade no Império do Brasil". E informa: "Iniciador e primeiro introdutor das campainhas elétricas. As pessoas que precisarem fazer qualquer das numerosas aplicações da eletricidade, seja nas ciências, nas artes ou na indústria, encontrarão sempre em nossa casa tudo o que for necessário". Observe-se que nada é oferecido para uso doméstico, pois que a eletricidade em casa, naquela altura, se possível, era extremo luxo, exigindo gerador próprio, uma vez que energia elétrica pública e *farta* só haverá cerca de dez anos mais tarde, pelo menos.

Ao Rei dos Mágicos também oferecia, no mesmo número do *Almanak Laemmert*, campainhas elétricas, telefones, pára-raios e *grande variedade de aparelhos de eletricidade.*

Era cedo ainda para os ferros elétricos. Eles já tinham sido concebidos, mas só viriam a ser verdadeiramente comercializados depois de 1900.

ALFREDO
VILLANOVA
S.A.
Indústria e Comércio
ALPHA
FERROS ELÉTRICOS
110 ou 220 volts - 450 watts
PRESSING IRONS
110 or 220 volts - 450 watts
PLANCHADOR ELÉCTRICO
110 o 220 voltios - 450 vatios
Ref. 14 FAVORITO "EXPORT" 2.000 g
Ref. 14 FAVORITO "EXPORT" 2.000 g (4.409 lb)
Ref. 14 FAVORITO "EXPORT" 2.000 g
Ref. 16 "ALPHA LUXO" 2.200 g
Ref. 16 "ALPHA LUXO" 2.200 g (4.453 lb)
Ref. 16 "ALPHA LUXO" 2.200 g
Ref. 17 "FAVORITO"
modelo viagem
c/ estojo plástico
funciona em 110 e 220 volts simultaneamente
Ref. 17 "FAVORITO"
model for travel
with plastic case
works, all at once, in 110 and 220 volts
Ref. 17 "FAVORITO"
modelo para viaje
con estuche plastico
trabaja tanto en 110 como en 220 voltios
FERRO DE ENGOMAR "FAMA"
tamanho 3 Ref. 8
tamanho 4 Ref. 9
"FAMA" FLATIRON
size 3 Ref. 8
size 4 Ref. 9
PLANCHADOR "FAMA"
tamaño 3 Ref. 8
tamaño 4 Ref. 9
FERRO DE ENGOMAR "FAMA"
tipo 7 furos (suiço) Ref. 10
"FAMA" FLATIRON
type 7 holes (swiss) Ref. 10
PLANCHADOR "FAMA"
tipo de 7 huecos (suizo) Ref. 10

III

A Coleção

Da coleção de ferros de passar e de polir reunidos sem maiores esforços de busca, foram obtidas algumas informações sobre marcas, símbolos, logotipos, emblemas, monogramas. Considerável parte dos ferros nada registra: absolutamente anônimos. Pequena parte conta alguma coisa, assim mesmo são informações desgastadas pelo tempo.

Examinando os ferros de estufa (33 exemplares na coleção, 25 domésticos, cinco profissionais e três para criança, dos quais oito são para passar-polir, três exclusivamente para polir e dezenove para passar), anotamos: *Wasser S...* (ilegível) *Stuttgart*; *British made,* número *4*; *Jardinier* e emblema que reúne ferro de passar, seu descanso, tesoura e outros objetos não identificados entre dois ramos, número *5*; *AO*, monograma de iniciais *A* (ilegível) e *O* (ilegível), número *4*; triângulo em alto-relevo em quatro ferros de números *3, 4* e *6* e outro de passar-polir sem número; coração em alto-relevo, número *17*; *Lince,* número *4*; figura de leão de perfil dentro de um círculo, de passar-polir, sem número; *L* e figura de leão deitado sobre a perna horizontal do *L*, número *4*. Dos ferros profissionais, os cinco exemplares são de *6, 7, 8, 9* e *10* kg, informação em baixo-relevo ou gravado (*creux*) nos ferros, dois deles com a mesma marca (triângulo) de quatro dos ferros domésticos. Uma estufa para esquentar sete ferros, sem nenhuma marca, completa a coleção.

A *cassolette* chinesa da coleção, de bronze, traz inscrições em chinês.

Dos ferros de tiotar, há um único exemplar, com esta inscrição em sua parte inferior: "Heat this. Pat'd 1866". Na parte superior está inscrito: "Geneva. Hand. Fluter". E no cabo pode-se ler: "Geneva Ill". (refere-se à localidade de Geneva no Estado norte-americano de Illinois).

Quanto aos primitivos ferros elétricos (onze na coleção) só quatro trazem inscrições. "Edel" em um. Em outro: "Bergmann. Elektricitats Werke. A.-G. Berlin. Pat n° 19209. Fabrik n° (em branco). Watt, 760. Amp. (em branco). Volt, 110/120". No terceiro: "650 W. 110/125 V (ilegível) Westinghouse Elec. (ilegível) Co. Pittsburg (ilegível) U.S.A.". Este ferro foi adquirido em São Paulo por Ernesto Lacaz Machado, em 1913, por vinte mil-réis, conforme seu depoimento em 1983, quando com ele nos presenteou. O quarto ferro elétrico é o conhecido *Hotpoint* e traz esta inscrição: "Standard Hotpoint Iron. Volts: 220. Amp.: 2,2. 5 lb. Date: 8-15. Patented. Model H. Hotpoint Electric Heating Co. New York, Chicago, Ontario, Cal., Vancouver, Toronto". Observe-se que os ferros *Hotpoint* traziam suas datas de fabricação, como este exemplar que é de agosto de 1915. Inclusive já tem recurso para se manter na posição vertical, dispensando o descanso.

Dos ferros a combustíveis modernos (quatro na coleção: um a gás e três a álcool), um, a álcool, traz inscrito: "Bergmann. Pat. Brev. S.GDG", texto formando círculo que envolve uma figura indefinida de homem. Seria a mesma fábrica de ferros elétricos de igual marca? Com certeza sim. O ferro elétrico é uma atualização da linha de produção da fábrica Bergmann. Outro, a álcool, é de fabricação argentina e leva a marca *Volcan*. O modelo a gás é da marca *Lumegás*.

Os ferros a carvão – (trinta na coleção), quatro de bronze e 26 de ferro; quatro com pescoço atrás, dois com boca voltada para a direita, um com boca para cima, treze com pescoço voltado para a frente, e nove sem pescoço, um destes dos séculos XVIII-XIX (de origem francesa) – são mais pródigos em informações, se bem que muitos deles silenciem suas marcas e origens, sem nenhum sinal que os identifique. Pudemos anotar: "Marca Registrada" entre dois círculos e uma estrela no centro, talvez a famosa marca *Estrela* citada pelo sr. Valério Zoncada (números *3* e *8*, este com pescoço de seção quadrada); "F.C. Franco. Bahia" e emblema com figuras de mulher e cão encimadas por um ramo que a mulher segura com uma das mãos (ferro de bronze); feixe (*fascio*) entre ramos, encimado por fitas (ferro de bronze); figura de leão de perfil dentro de um círculo e a inscrição "Marca Regist.", número *4*, com pescoço cuja boca tem a cara de leão (certamente a mesma fundição que produziu o ferro de estufa com sinal idêntico); "Bugre. São Paulo", com pescoço, número *4*, e sem pescoço, sem número; *Alba*, ferro português obtido em Lisboa, número *6 1/2* e, na tampa que veda o orifício traseiro: "Patente n° 16569; Samsa. Rio Acima. Minas; F y T. Tavira. Durango" e, entre parênteses, *Vizcaya,* número *6 1/2* (ferro espanhol); *Fama* (produzido em Indaiatuba-SP), número *0* (na tampa que veda o orifício traseiro), para criança, um com pescoço e outro sem pescoço, de 7 furos; monograma *CJ* ou *JC* e "Marca Registrada", número *8* com pescoço atrás e um terceiro com pescoço frontal e número ilegível; "A.P. Rossi", um com e outro sem pescoço e o endereço: "Rua Catumbi, 354", além de um losango envolvendo o texto "Indústria Brasileira. São Paulo. Marca Regist." em cujo centro está o monograma *VR*; *Continental*, sem pescoço; finalmente o francês "Fer-Tiroir / S.te S.C.D.G. / Hughenin / Echalot S.r / S.".

Os ferros a carvão são quase sempre dotados de chapa de lata recurvada, entre o cabo e o corpo do ferro. Normalmente essa lata não resiste ao tempo. Em geral nela está gravada a identificação do ferro. Muitas vezes corroída pelo tempo, a ferrugem impede a leitura das informações ali escritas.

Dos ferros a cunha da coleção (dos quais seis são de bronze, dois de latão, três deles de guilhotina e um de cabo dobrável para viagem), só um informa: *L. Schroder* e o algarismo *8* dentro de um coração. Trata-se de um exemplar de cunha de pedra, alemão certamente, de paredes duplas de ferro niquelado encerrando camada de asbestos, próprio para passar-polir. Entre os ferros a cunha, há dois modelos *língua de boi* (um de bronze) e dois cujos cabos fogem do comum, nem madeira, nem metal: um é esse *L. Schroder*, com cabo branco de porcelana vidrada, o outro, também de ferro niquelado, com marca que se perdeu (é visível o local de fixação da marca), tem o cabo de alma metálica revestida de baquelita preta.

As resinas sintéticas começaram a ser produzidas após 1896, quando Trillat pesquisou a combinação do fenol com formaldeído, base para a criação da baquelita em 1909 pelo químico belga Léo Hendrix Baekeland.

Essa nova resina acabou por substituir pouco a pouco a madeira nos cabos dos ferros.

Estufa

Estufa a Carvão

Para 7 ferros domésticos

Ferros de Estufa

9,00 x 14,50 cm (esquerda e abaixo).

Ferros de Estufa

9,00 x 14,50 cm (esquerda e direita).

Ferros de Estufa

Para engomar, Número 2: 7,50 x 11,50 cm (acima).

Para engomar: 6,00 x 10,50 cm (direita).

Ferro de Estufa

Para engomar, Número 2: 6,00 x 9,00 cm (esquerda e direita).

Ferros de Estufa

Para engomar e passar, marca Leão: 9,50 x 14,50 cm (acima).

Para passar, marca Leão: 8,50 x 15,00 cm (direita).

Ferros de Estufa

Para passar, marca Lince:
8,50 x 13,50 cm (esquerda).

Para passar: 9,00 x 14,50 cm (acima).

Ferros de Estufa

Para engomar e passar: 9,50 x 14,50 cm (acima).

Para passar, monograma "AO", Número 4: 9,00 x 15,50 cm (página oposta).

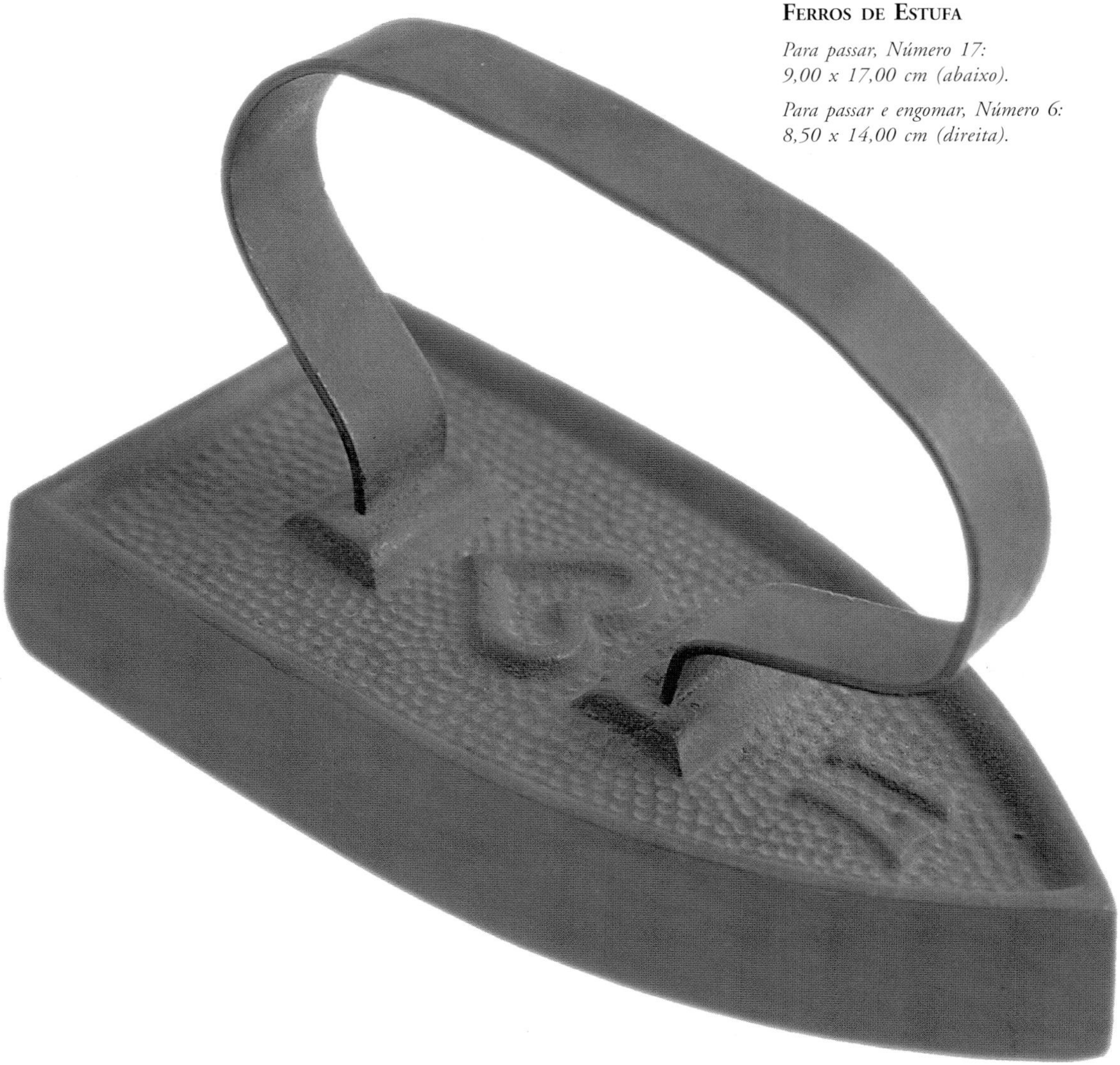

Ferros de Estufa

Para passar, Número 17:
9,00 x 17,00 cm (abaixo).

Para passar e engomar, Número 6:
8,50 x 14,00 cm (direita).

Ferros de Estufa

Para passar, Número 3:
8,00 x 12,50 cm (esquerda).

Para passar e engomar, inglês:
9,00 x 14,00 cm (acima).

Ferro de Estufa

Para passar, marca Jardinier, Número 5:
9,50 x 16,00 cm.

Ferros de Estufa

Para passar, Número 4: 8,50 x 13,00 cm (esquerda).

Para passar, "British Made", Número 4: 9,00 x 13,00 cm (abaixo).

Ferros de Estufa

Para passar, de uso profissional:
8,00 x 15,50 cm (acima).

Para tiotar, origem norte-americana, marca Geneva: 9,00 x 14,50 cm (página oposta).

Ferros de Estufa

Para passar, de uso profissional, 8 kg: 8,50 x 22,50 cm (esquerda).

Para passar, de uso profissional, 7 kg: 8,50 x 22,50 cm (direita).

Para passar, de uso profissional, 6 kg: 7,50 x 20,50 cm (abaixo).

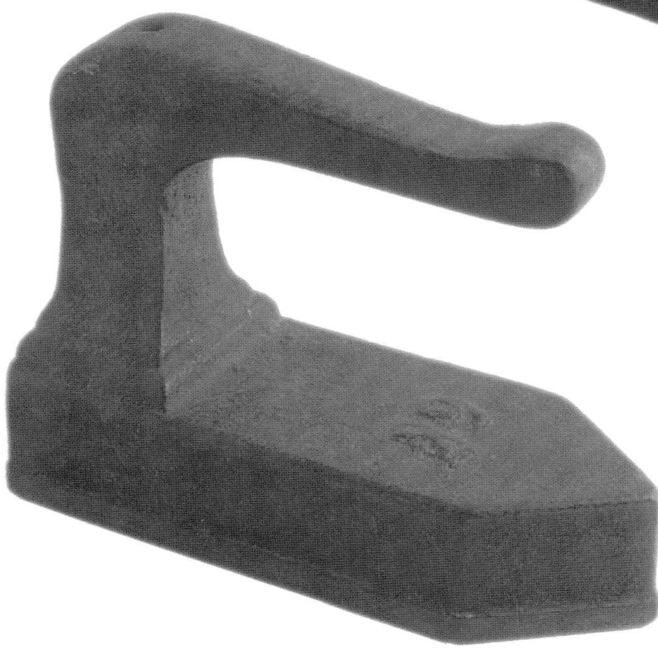

Ferros de Estufa

Para passar, de uso profissional, 9 kg: 9,00 x 23,50 cm (acima).

Para passar, de uso profissional, 10 kg: 9,00 x 25,00 cm (direita).

C. FRANCO
L. BAHIA

Carvão

Ferros a Carvão

Para passar, tipo bateau, século XVIII, procedência francesa: 13,00 x 24,50 cm.

Ferros a Carvão

Para passar, com chaminé vertical: 9,50 x 17,50 cm (abaixo).

Para passar, com chaminé traseira, Número 8, marca JC: 9,50 x 25,50 cm (página oposta).

Ferros a Carvão

Para passar, com chaminé frontal, Número 3, marca Estrela: 10,50 x 16,50 cm (esquerda).

Para passar, com chaminé frontal com boca quadrada, Número 8, marca Estrela: 11,00 x 23,00 cm (acima).

Para passar, com chaminé frontal, marca Samsa: 9,50 x 16,00 cm (direita).

Ferros a Carvão

Para passar, para uso profissional, com chaminé frontal, marca JC: 10,00 x 26,00 cm (acima).

Para passar, com chaminé frontal, Número 4, marca Bugre: 10,50 x 18,00 cm (direita).

Ferros a Carvão

Para passar, tipo suíço, quatro furos, marca Bugre: 9,50 x 18,50 cm (esquerda).

Para passar, tipo suíço, quatro furos: 10,00 x 19,00 cm (acima).

Ferros a Carvão

Para passar, tipo suíço, seis furos, marca Continental: 9,00 x 20,00 cm (esquerda).

Para passar, para uso profissional, com chaminé frontal, marca JC: 9,00 x 25,00 cm (acima).

Ferros a Carvão

Para passar, tipo suíço, seis furos, marca Fama: 9,50 x 20,50 cm (esquerda).

Para passar, com chaminé frontal que se abre junto com a tampa, procedência portuguesa: 9,50 x 16,00 cm (abaixo).

Ferros a Carvão

Para passar, para uso profissional, com chaminé frontal e boca voltada para a direita, Número 10: 13,00 x 24,50 cm (acima e direita).

Para passar, com chaminé frontal e boca voltada para a direita, procedência espanhola, marca F y T: 10,00 x 16,50 cm (página oposta).

Ferros a Carvão

Para passar, para uso profissional, com chaminé traseira, Número 8: 10,00 x 23,00 cm (esquerda).

Para passar, para uso profissional, com chaminé traseira: 9,50 x 24,50 cm (abaixo).

Para passar, para uso profissional, com chaminé traseira, Número 5, procedência francesa, marca Nuguerin & Chalot: 9,50 x 24,50 cm (direita).

Cunha

Ferro a Cunha

Para passar, fechamento traseiro a guilhotinha: 8,50 x 15,00 cm.

Cunhas

Dois tipos de cunha: ferro forjado (esquerda) e ferro fundido (direita).

Ferro a Cunha

Para passar, fechamento com portinhola traseira: 10,00 x 19,00 cm (abaixo).

Ferros a Cunha

Para passar com cabo de porcelana, cunha de pedra, fechamento com portinhola traseira: 8,50 x 21,00 cm (esquerda e abaixo).

Para passar com cabo de baquelite, fechamento com portinhola traseira: 7,50 x 20,50 cm (direita).

Ferros a Cunha

Para passar, de bronze, modelo língua-de-boi com cabo de madeira, cunha de pedra, fechamento com portinhola traseira: 10,00 x 18,00 cm (esquerda).

Para passar, modelo língua-de-boi com cabo de madeira, cunha de pedra, fechamento com portinhola traseira: 9,00 x 19,50 cm (acima).

Ferros a Cunha

Para passar, de latão, com cabo de madeira, fechamento com portinhola traseira: 7,50 x 12,00 cm (esquerda).

Para passar, de latão, com cabo de madeira, fechamento com portinhola traseira: 7,50 x 14,00 cm (acima).

Ferros a Cunha

Para passar, de bronze, para viagem, com cabo de madeira, dobrável, fechamento com portinhola traseira: 9,00 x 13,00 cm (esquerda).

Para passar, de bronze, com cabo de madeira, fechamento com portinhola traseira: 8,50 x 14,50 cm (direita).

Para passar, fechamento traseiro a guilhotinha: 9,50 x 16,00 cm (abaixo).

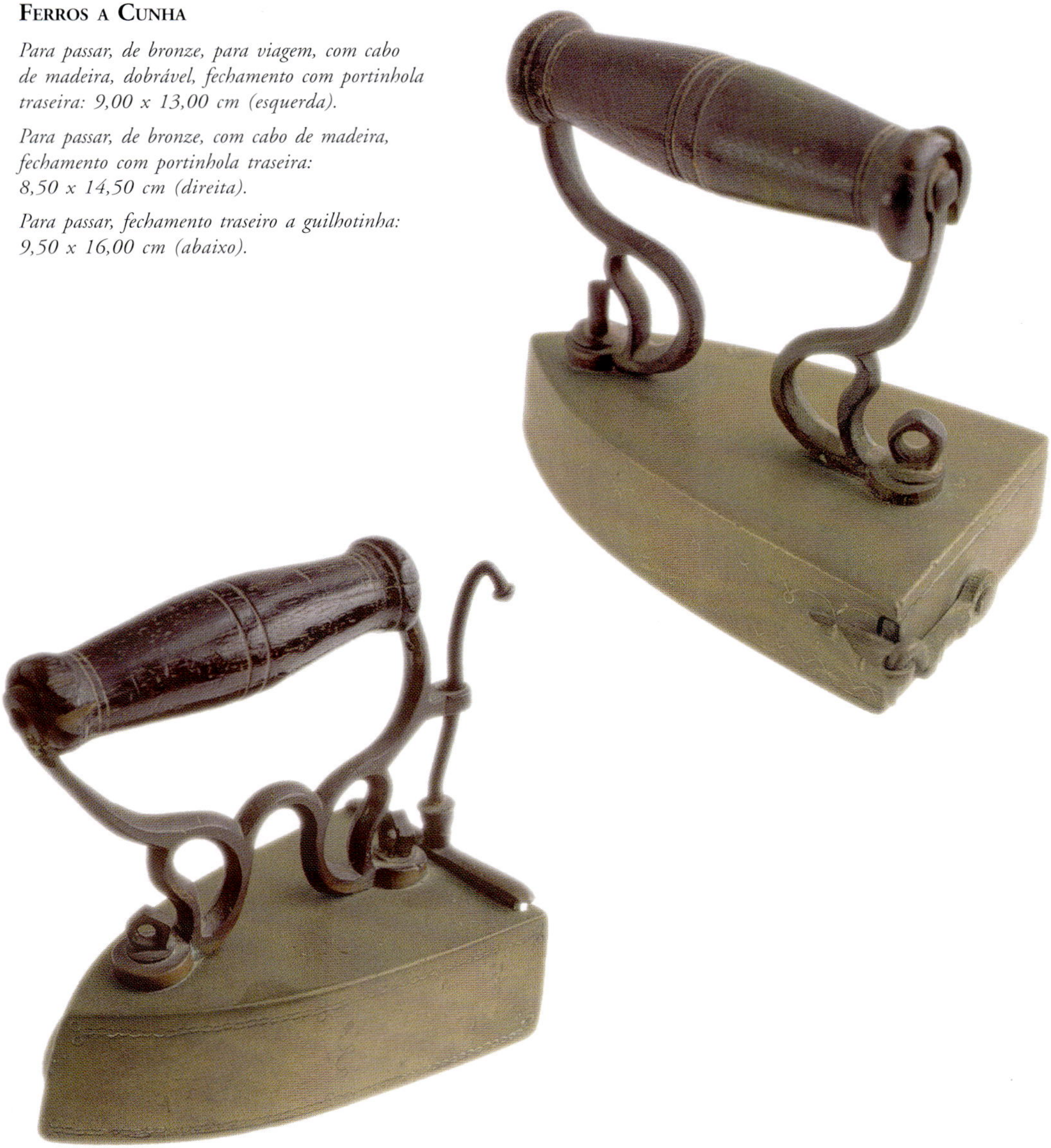

Ferro a Cunha

Para passar, de bronze, com cabo de madeira, fechamento com portinhola traseira: 9,00 x 13,50 cm (página oposta e abaixo).

INDUSTRIA ARGENTINA
VOLCAN

Combustível

Ferros a Combustível

Para passar, a querosene, procedência argentina, marca Volcan: 9,00 x 18,00 cm (acima).

Para passar, a gás: 10,00 x 18,00 cm (direita)

Para passar, a querosene, procedência alemã, marca Bergmann: 8,00 x 19,50 cm (página oposta)

Ferro a Combustível

Para passar, a álcool: 5,50 x 13,00 cm (acima e página oposta).

DESL.
220 V
Uchita
C&C 613427
IND. BRAS.
1
2
3

Elétricos

Ferros Elétricos

Para passar, para uso profissional: 9,50 x 22,00 cm (esquerda).

Para passar, para uso profissional: 10,50 x 24,00 cm (abaixo).

Ferros Elétricos

Para passar, para uso profissional:
7,50 x 26,50 cm (abaixo).

Para passar, de procedência alemã, marca Bergmann:
9,00 x 23,50 cm (direita).

Ferro Elétrico

Para passar, para uso profissional:
10,00 x 24,00 cm (esquerda e abaixo).

Ferro Elétrico

Para passar, de procedência norte-americana, marca Hotpoint, datado de 1915: 9,00 x 15,50 cm (acima e direita).

Ferros Elétricos

Para passar: 7,50 x 19,00 cm (abaixo).

Para passar: 10,50 x 23,50 cm (direita).

Ferros Elétricos

Para passar, de alumínio fundido, com registro de saída de vapor: 11,50 x 22,50 cm (acima).

Para passar, para uso profissional, com registro de saída de vapor, marca Uchita: 10,50 x 20,00 cm (direita).

DESL.
220 V
1 2 3

Ferro Elétrico

Para passar, marca Edel: 7,50 x 16,00 cm (esquerda e acima).

Ferros Elétricos

Para passar, de procedência norte-americana, marca Westinghouse: 9,00 x 17,00 cm (página oposta).

Para passar, dotado de pegador de asbestos, marca JM: 6,50 x 15,00 cm (esquerda e abaixo).

Ferros Elétricos

Para passar, de alumínio fundido, com registro de saída de vapor, de procedência norte-americana, marca Steam-O-Matic: 12,00 x 24,50 cm (abaixo e direita).

Descansos

Descansos

De bronze: 10,00 x 20,50 cm (acima).

De bronze: 8,00 x 23,50 cm (direita).

Descansos

De ferro: 12,50 x 27,50 cm (esquerda).

De bronze, com o monograma "RC": 11,50 x 27,50 cm (acima).

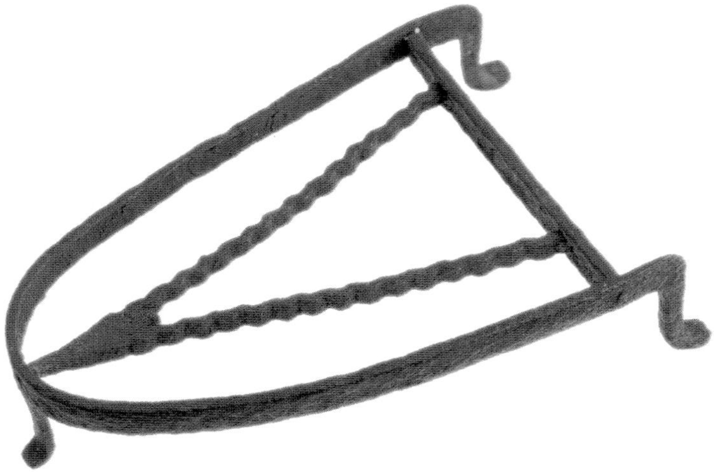

Descansos

De ferro: 10,50 x 17,00 cm (acima).

De ferro, com cabo de madeira:
14,50 x 33,00 cm (direita).

Descansos

De ferro, marca A.P. Rossi: 12,00 x 20,50 cm (abaixo).

De ferro: 8,00 x 15,50 cm (direita superior).

De ferro: 8,00 x 14,00 cm (direita inferior).

Brinquedos

Ferros de Estufa

Para passar: 5,00 x 7,50 cm (abaixo).

Para passar, em forma de cavalinho: 4,50 x 7,00 cm (página oposta).

Ferro a Carvão

Para passar, de bronze: 7,00 x 10,50 cm.

Ferros a Carvão

Para passar, tipo suíço, seis furos: 6,00 x 14,00 cm (esquerda).

Para passar, tipo suíço, quatro furos, procedência uruguaia: 5,50 x 11,50 cm (abaixo).

Para passar, com chaminé frontal, Número 0, marca Fama: 6,50 x 10,50 cm (direita).

Ferros a Cunha

Para passar, de bronze, fechamento traseiro a guilhotinha: 5,00 x 9,50 cm (esquerda).

Para passar, de bronze, fechamento traseiro a guilhotinha: 3,00 x 5,50 cm (abaixo).

Bibliografia

ABREU, J. Capistrano de. *Capítulos de História Colonial (1500-1800).* Rio de Janeiro, Briguiet, 1954.

ALLEMAGNE, Henri-René d'. *Les accessoires du costume et du mobilier.* Paris, Schémit, 1928, vol. II .

________________. *Decorative Antique Ironwork: A Pictorial Treasury.* Tradução de Vera K. Ostoia. New York, Dover, 1968.

AUBRY, Edy. "*Le repassage d'hier à aujourd'hui*". *Amifer*, 216, Roubaix (França), Club des Amis des Fers à Repasser Anciens, 1984.

AULETE, Caldas. *Dicionário Contemporâneo da Língua Portuguesa.* Rio de Janeiro, Editora Delta, 1958.

AUXILIADOR da Indústria Nacional, O. Rio de Janeiro, Sociedade Auxiliadora da Indústria Nacional, n. 5, maio 1868.

BARROS, Sigrid Porto de. "A Condição Social e a Indumentária Feminina do Brasil - Colônia". In: *Anais do Museu Histórico Nacional, vol. VIII, 1947-1957*, Rio de Janeiro, s.d.

BAYART, Achille. *A la recherche des origines du fer à repasser. Amifer*, 216, Roubaix (França), Club des Amis des Fers à Repasser Anciens, 1984.

BLACK, Anderson & GARLAND, Madge. *Storia dell'Abbigliamento.* Tradução de Silvia Castorina *et al.* Novara, Istituto Geografico de Agostini, 1974.

BLUTEAU, Rafael. *Vocabulário Português e Latino.* Coimbra, Companhia de Jesus, 1712.

BOEHN, Max von. *La Moda.* Barcelona, Salvat, 1928 (adaptado do alemão).

BOUCHER, François. *Histoire du costume.* Paris, Flammarion, 1965.

BREVE histoire du repassage à travers les âges... Flash Presse General Electric. Paris, General Electric, 1980.

BRUNO, Ernâni Silva. *O Equipamento da Casa Bandeirista segundo Antigos Inventários e Testamentos.* São Paulo, Departamento do Patrimônio Histórico, 1877.

________________. "Algumas Notas sobre o Mobiliário do Tempo dos Bandeirantes". *Revista do Instituto Histórico e Geográfico Guarujá-Bertioga.* São Paulo, n. 8, ano 4, 1973.

BUSSCHAERT, Jean. *Les débuts des fers à repasser électriques.* Opúsculo divulgado pelo Club des Amis des Fers à Repasser Anciens, Lyon (França), 1983.

CASTRO, F. A. Veiga de. "Um Fazendeiro do Século Passado". *Revista do Arquivo Municipal*, São Paulo, Departamentro de Cultura, vol. XCVII, ano X, jul.-ago. 1944.

CERVANTES Saavedra, Miguel de. *El Ingenioso Hidalgo Don Quijote de la Mancha.* Madri, La Lectura, 1913.

CONTINI, Mila. *La Moda nei Secoli.* Milão, Mondadori, 1985.

COROMINAS, Juan. *Diccionario Crítico y Etimológico de la Lengua Castellana.* Madri, Gredos, 1954.

DALMAU, R. & JANER, J. Mª Soler. *Historia del Traje.* Barcelona, Dalmau y Jover, 1947, tomo II.

DEBRET, Jean-Baptiste. *Viagem Pitoresca e Histórica ao Brasil.* Tradução de Sérgio Milliet. São Paulo, Martins, 1940, tomo I.

DICCIONARIO Enciclopédico Hispanoamericano de Literatura, Ciencias, Artes etc. Barcelona / New York, Montaner y Simón / W. M. Jackson, s.d. (*c.* 1895).

DOCUMENTOS Interessantes. São Paulo, Arquivo do Estado de São Paulo, 1924, vol. XLV, p. 149.

ELIAS, Maria José. "Caderno de Assentos do Coronel Francisco Xavier da Costa Aguiar". In: *Anais do Museu Paulista.* São Paulo, 1966, tomo XX.

ENCICLOPÉDIA dos Museus. Museu de Belas-artes de Boston, publicação da Cia. Melhoramentos de São Paulo. Milão, Arnoldo Mondadori, 1969.

ENCICLOPEDIA Universal Ilustrada Europeoamericana. Bilbao, Espasa-Calpe, s.d.

ENCYCLOPAEDIA Britannica. Chicago, 1966.

Encyclopédie ou Dictionnaire raisonné des sciences, des arts et des métiers. Mis en ordre & publié par M. Diderot. Paris, 1751.

Ewbank, Thomas. *Vida no Brasil.* Tradução de Jamil Almansur Haddad. São Paulo, Itatiaia/USP, 1976.

Ferrand, Paul. *L'or à Minas Geraes (Brésil).* Belo Horizonte, Imprensa Oficial do Estado de Minas Gerais, 1913.

Ferreira, Aurélio Buarque de Holanda. *Novo Dicionário da Língua Portuguesa*. 1ª edição, 9ª impressão, Rio de Janeiro, Nova Fronteira, s.d.

Fers à repasser et leur histoire, Les. Catálogo do Museu de Pontoise, Pontoise (França), Imprimerie Paris, 1981.

Freyre, Gilberto. *Casa Grande e Senzala.* Rio de Janeiro, José Olympio, 1950.

________________. *Ingleses no Brasil.* Rio de Janeiro, José Olympio, 1948.

________________. *O Escravo nos Anúncios de Jornais Brasileiros do Século XIX.* Recife, Imprensa Universitária, 1963.

________________. *Um Engenheiro Francês no Brasil.* Rio de Janeiro, José Olympio, 1940.

Giedion, Siegfried. *Mechanization Takes Command.* New York, Oxford University Press, 1948.

Grand Larousse encyclopédique. Paris, Larousse, 1960.

Grande Encyclopédie, La. Paris, Larousse, s.d. (séc. XIX).

"History of Ironing, A". *Announcer*. Eindoven (Holanda), Philips Gloeilanpenfabrieken, vol. XVII, n. 9, 1963 (reportagem).

Lacroix, Paul (Bibliophile Jacob). *XVII siècle: institutions, usages et costumes.* Paris, Firmin-Didot, 1880.

________________. *XVIII siècle: institutions, usages et costumes.* Paris, Firmin-Didot, 1875.

________________. *Moeurs, usages et costumes au Moyen-Âge et à l'époque de la Renaissance.* Paris, Firmin-Didot, 1878.

Laemmert, Almanak Administrativo, Mercantil e Industrial. Rio de Janeiro, 1881 e 1913.

Larousse du XXe siècle. Paris, Larousse, s.d. (*c.* 1950).

Lins, Ivã. *Erasmo, a Renascença e o Humanismo*. Rio de Janeiro, Civilização Brasileira, 1967.

Louys, Madeleine. *Les costumes: pourquoi et comment*. Paris, La Renaissance du Livre, 1967.

Lozoya, marquês de. Texto introdutório do livro *La Moda* de Max von Boehn. Barcelona, Salvat, 1928.

LUCCOCK, John. *Notas sobre o Rio de Janeiro e Partes Meridionais do Brasil.* Tradução do prof. Milton da Silva Rodrigues. São Paulo, Itatiaia, 1975.

MACHADO, José Pedro. *Dicionário Etimológico da Língua Portuguesa.* Lisboa, Confluência, 1956.

MANNONI, Edith. "Les fers à repasser ont une histoire". *Art & Décoration*, Paris, n. 234, abr.-maio 1982 (reportagem).

MARQUES, A. H. de Oliveira. *A Sociedade Medieval Portuguesa.* Lisboa, Sá da Costa, 1964.

MERCURE François (Le) ou La suitte de l'histoire de la paix. Commeçant l'an M.DC.V pour suitte du septenaire du D. CAYER, & finissant au Sacre du Tres-Chrestien Roy de France & Navarre, Loys XIII. Paris, Jean Richer, 1613.

MOTA, Otoniel. "O Arroz na Geografia, na Filologia e na História". *Revista do Arquivo Municipal,* São Paulo, Departamento de Cultura, vol. XCII, ano IX, ago.-set. 1943.

PHILIBRÁS. São Paulo, Philips do Brasil, ano 10, número especial, jun. 1974.

RACINET, Albert-Charles-Auguste. *Le costume historique.* Paris, Firmin-Didot, 1876, vol. 13.

RODRÍGUEZ MARÍN, Francisco. "Notas Explicativas". In: *El Ingenioso Hidalgo Don Quijote de la Mancha.* Madri, La Lectura, 1913.

RUGENDAS, João Maurício. *Viagem Pitoresca através do Brasil. 1820.* Tradução de Sérgio Milliet. São Paulo, Martins, 1954.

SAINT-HILAIRE, Auguste. *Segunda Viagem do Rio de Janeiro a Minas Gerais e a São Paulo.* Tradução de Afonso d'E. Taunay. São Paulo, Cia. Editora Nacional, 1932.

SANTOS FILHO, Licurgo. *Uma Comunidade do Brasil Antigo.* São Paulo, Cia. Editora Nacional, 1956.

SAVELLI, Mário. *História do Aproveitamento das Águas na Região Paulistana.* Palestra proferida em 16 set. 1963.

____________. "Primórdios da Eletricidade no Brasil". *Diário de S. Paulo,* 23 ago.1960.

SEARS, Roebuck Catalogue, The 1902 Edition of the. New York, Bounty Books, 1969.

SIERRA Y MARISCAL, Francisco. *Idéas Geraes sobre a Revolução do Brasil e Suas Consequências.* Rio de Janeiro, Biblioteca Nacional, 1926.

SILVA, Antônio de Morais. *Dicionário da Língua Portuguesa,* 7. ed., s.l.p., Joaquim Germano de Sousa Neves, 1877.

Spix, Johann Baptist von & Martius, Carl von. *Viagem pelo Brasil.* Tradução de Lúcia Furquim Lahmeyer. Rio de Janeiro, 1938.

Taunay, Afonso d'Escragnolle. *História das Bandeiras.* São Paulo, Melhoramentos, s.d.

Vaudour, Cathérine. *Musée le Secq des Tournelles, Rouen, guide du visiteur.* Rouen, Atelier d'Impression Municipal, 1981.

Wilcox, R. Turner. *La Moda en el Vestir.* Tradução do inglês por Bruno Guterbock e Maria Luísa Roth. Buenos Aires, Centurión, 1946.

Créditos

TÍTULO
O Ferro de Passar Passado a Limpo: Anotações em Torno de uma Coleção

AUTOR
Fernando Cerqueira Lemos

PRODUÇÃO EDITORIAL
Ana Lúcia Novais

CONCEPÇÃO, CRIAÇÃO GRÁFICA E CAPA
2003 © Marcelo Mario Design

FOTOGRAFIAS
José Rosael

EDITORAÇÃO E REVISÃO DE TEXTO
Alice Kyoko Miyashiro

REVISÃO DE PROVAS
Fabiana Borba
Juliana Simionato
Tania Mano Maeta

DIVULGAÇÃO
Aline Frederico
Regina Brandão

SECRETARIA EDITORIAL
Eliane dos Santos

Formato 20 x 20 cm – Mancha 13,5 x 15 cm – Tipologia AGaramond, Century, Footlight, Frutiger e Tiffany – Papel capa Supremo 350 g/m^2 e miolo couché 150 g/m^2 – 216 páginas – Tiragem de 2000 exemplares – Fotolitos, impressão e acabamento Imprensa Oficial do Estado